ビジネス革命

ユダヤは学ぶ
必勝の未来勢運を
今生に開放する大道

経営学博士
總天優覧昇
そうすめ　ゆらんすく
Yuransuku Sousume

たま出版

プロローグ

ファースト　クラスの世界一周旅行のチケットは予約済みです。さらに、世界一周旅行の快適な旅に加えて、銀河一周の深い喜びが得られます。

世界中の美しい絵画を見て回《まわ》り、瞳《ひとみ》を美しくさせます。今まで見たこともなかった絵画を見るでしょう。瞳《ひとみ》のセンターには美術の極致《きょくち》にふさわしい光が輝いています。多くの絵画が世界中の人々の見聞《けんぶん》を待っています。美しい絵を見る時、その瞬間は宝石の時間です。ひとときの旅を、深く巡《めぐ》る時、新たな人生を体験することができるでしょう。

この旅は、オルゴールの花火です。幾重《いくえ》にも花火は舞い上がるでしょう。そのたびに淡々《たんたん》と、深い安堵《あんど》を得ることができるでしょう。未来は光明《こうみょう》に満ちていますが、その扉《とびら》を開けるのはあなたです。美しい絵画の中に、その鍵は秘められています。ビッグ　サクセス　ライフを、絵画の中に見つけてください。

旅の友は、さわやかに語り続けます。アクセントを付けてテキパキと、しなやかに、流れるように語っています。最新のジェット機はスムーズに離陸し、楽しい旅を満喫《まんきつ》しながら、目的地へ安全に着陸します。さっそうとしたスーツの似合うパーティへ、私たちは招かれています。もちろん、チケットは購入済みです。私たちは十分楽しむことができるのです。

ゴールド色の天幕《てんまく》が下りています。鮮《あざ》やかなオレンジ色のスーツを着たメイドたちが、忙しく働いています。受付のテーブルは、深い緑色の大きな大理石で、人々の到着を待ち受けています。パープル色に輝くシャンデリアからは、ほのぼのとした光線が大広間の隅々《すみずみ》へと届いています。真っ白なテーブルの上には、来賓者《らいひんしゃ》のための白い絹のハンカチが用意されています。銀の大皿の上には、とてつもなく大きい黄色いバナナが置かれています。会場はお客様でいっぱいのようです。グラスには真っ赤なワインがなみなみと注《そそ》がれています。

このパーティでは、来賓者《らいひんしゃ》は多くの友達をつくります。すべてよい友達です。すべて楽しい友達です。すべて明るい友達です。スーツの右ポケットには、美しい山脈を走るローカル登山電車のチケットが入っています。おしゃれでかわいいカバンには、豪華《ごうか》客船特等室のカードが入っています。ワインも少し体を温めています。

ゆったりとしたチェアーに腰をかけようとする時、鮮《あざ》やかなブルー色のスーツを着た指揮者が天幕《てんまく》の横に登場しました。このパーティで、誰かれとなく、今まで知らなかった悟《さと》りを発見するでしょう。シューベルトのバイオリン協奏曲が鳴りはじめました。

来賓者《らいひんしゃ》はよい旅を続けます。来賓者《らいひんしゃ》は、どのご馳走《ちそう》を食べるのも自由です。ガラス越しのガーデンでは、ファイアー　ダンスがたけなわです。ファイアー　ダンスが終わったころ、天幕《てんまく》がしずしずと上がりはじめました。

目録

プロローグ ―― 3

第一部　スーパーラブ ―― 13

超能力の開元《かいげん》　14
アイ　アイ　ハッピー　カントリー　17
クリーン　ビュー　カントリーのエネルギー　20
宇宙の法　22
エナーマス　ゴッド　スピリッツ　アンド　ソウル　ストリーム　24
スーパーラブを受け取るための五つのポイント　27
ヘルシー　ポイント　29
強く生かされている　32
ラブとスーパーラブの違い　34
理想の生活　36

ワンソウル　オールボディ　38
ゴッド　エアー　エクセレンス　パワー　40
勝ち目、畳目《たたみめ》大明《だいみょう》の祝いの目、光明《こうみょう》百会《ひゃくえ》察気《さっき》、防活神流《ぼうかつしんりゅう》　43
察気《さっき》　46
リカバリング能力　50
ナチュラル　リカバリング　ウェイ　51
サクセス　ポイント　54
先見力《せんけんりょく》　58
自律《じりつ》性　59
ABCのプラス発想　60
エクセレンス　ハーモニー　アンド　ビッグ　サクセス　62
ヴィクトリー　ポイント　63
ヴィクトリー　ポイントの三要素　65
真理を立てる　68
人間性を立てる　71

ウォーター　ヘブン　パレスの秘法—ヘッド　トーキング　73
幸福満足度ポイント　77
あなたのグッド　ベイシック　ウェイ　80
理想達成のポイント　83
宇宙からの働きかけ　86
バン　バン　ラン　ラン　ウェイ　87
聖火は永久《とわ》に燃え続ける　91
ヘルシー　イメージング　94
無限の力を持つ人に　96
ビジネスの商業法則　97
太陽を従えて　99

第二部　明るい未来指向のビジネスマン

101
強いパワーのビジネスマン　102
ビジネスの究極《きゅうきょく》　105

世界ランキングのビジネスを実現できる　109
プラスθ《シータ》の波に乗る強気のビジネス　111
輪転機《りんてんき》をフル　スロットルで回転させよう　115
ダイナマイト式スマイル　ビジネス　118
山河《さんが》は死すれど、神我《しんが》は死なない　120
ホームラン連打《れんだ》の喝采《かっさい》　122
ヤングパワーで駆《か》け抜けよう　125
世界平和、宇宙平和　127
公害防止装置と無農薬バイオ　テクノロジー　128
全身全霊のビジネスマン　129
世界中の仲間たち　132
チャンスは無限である　133
ビジネスのポジティブ　チャンス　134
変革《へんかく》というポジティブ　チャンス　136
時間集積によるポジティブ　チャンス　137

明保《みょうほ》大透視力《とうしりょく》の先見神通力《せんけんじんつうりき》 137
天保水許《てんぽすいきょ》の神通力《じんつうりき》 141
明保《みょうほ》が呼び寄せるミラクル 143
広目天《こうもくてん》を奉賛《ほうさん》せよ 147
もっと売れ筋ダイナマイトの火を点《つ》けなさい 151
ダイナマイト　ピンポイント 153
言葉の祝い　褒《ほ》め言葉の力 154
推理を押し立てよう 157
マネジメント収益《しゅうえき》の改善（製造業） 160
ウィルのサンドイッチ・サクセス法 162
平和の輸出貿易 164
ワールド　トップのサービス産業 167
サービス事業は心の修行《しゅぎょう》 169
ヘルスライフのビジネス 171
大明金秀《おおあけきんしゅう》の宮祭り 175

二十一世紀の大福音《ふくいん》　177
めでたいビジネスの五アイテム　178

エピローグ　182

巻末特別付録『風林火山《ふうりんかざん》』の巻《まき》
超能力の神速《しんそく》、体現《たいげん》〈入門編〉

第一部　スーパーラブ

超能力の開元《かいげん》

これから述べるスーパーラブ、サクセスビジネスへの諸々《もろもろ》のお話は、すべて読者が初歩的な超能力を十分に得られるべく論述の内容に高次元《こうじげん》のスピリッツが筋金《すじがね》として入っており、その目的が完遂《かんすい》されるようにしました。

一般に、超能力は長年《ながねん》の苦行や修業《しゅぎょう》を行い、まさに断崖絶壁《だんがいぜっぺき》をよじのぼり、その上に咲く小さな木の実を得るが如《ごと》く、努力に継《つ》ぐ努力、修業《しゅぎょう》に継《つ》ぐ修業《しゅぎょう》を行ったのち、与えられる力であるとされていました。

しかしながら、本書では違います。今日までは修得《しゅうとく》の道筋《みちすじ》には、さまざまな方法がありました。それは、仏道であり、キリスト教修道院《しゅうどういん》であり、イスラム教であり、ゾロアスター教であったりしました。さまざまな求道《ぐどう》の修業《しゅぎょう》に際してその成果を得るためには、二十年、三十年の厳《きび》しい修練《しゅうれん》を行わなければならないとされています。

これから述べられていくお話は、そのようなお話ではないのです。難しい理論を頭の中に詰《つ》め込むという作業も必要ありません。わかりやすい軽いリズムで、人生という深さを超えた神の智が輝き出るお話を聞き、体得《たいとく》するのみで良いのです。今日までの荒行《あらぎょう》や苦《く》行《ぎょう》とは全く違う点がそこなのです。

スーパーラブは、大愛《だいあい》を超越《ちょうえつ》した高次元《こうじげん》の神々《こうごう》しい波動《はどう》と言ってよいでしょう。神のスーパーラブによって打ち立てられたビジネスは、サクセスビジネスとして大成するでしょう。それは、素直《すなお》にスーパーラブを学び、理解する行動から始めればよいだけです。

スーパーラブ、宇宙の法等々を読み進み、理解が進むうちに、頭の中と体の中に優《すぐ》れた超能力の回路が張りめぐらされるようになっています。それは、そもそも、本来人間が持っていた能力なのです。重層《じゅうそう》に隠《かく》れ潜《ひそ》んだ超能力を、何の苦行《くぎょう》や荒行《あらぎょう》を行うこともなく、自然な形で素直《すなお》な修習《しゅうしゅう》によって健全に発芽《はつが》していくのです。あなたはそれを求めないかもしれません。しかし、真の人々が宇宙の進歩と同時に強く生きていくという現実の中で、あなたはこれを読み進むうちに、自《みずか》らその花を咲かせてしまうでしょう。

何の心配もありません。この花は、一度咲けば決して枯《か》れない花なのです。あなたは違った自分自身を発見するでしょう。スーパーラブの中には、いろいろな神の光という筋金《すじがね》が入っています。

宇宙の法をご覧《らん》ください。一度通過して理解が進まなければ、さらに同じ道をゆっくりと歩んでください。必ず、あなたは新しい何かを発見するでしょう。発見のあるごとに、頭の中と体の中に張りめぐらされている超能力という回路に神の電流が強く流れるのです。

あなたはロボットではありません。あなたが嬉々《きき》として学習する姿を、神様はお喜びになるでしょう。超能力は初歩的なレベルであったとしても、それは確実に手中《しゅちゅう》に確保できます。

スーパーラブ、宇宙の法を読み進み、理解を深め、修得《しゅうとく》し、平常な生活を行うことによって超能力が得られるという平凡《へいぼん》な事実を知ったのです。苦行《くぎょう》や荒行《あらぎょう》という長年《ながねん》の修業《しゅぎょう》を否定するものではありませんが、かなり違った波動《はどう》が正しい天界《てんかい》から強烈《きょうれつ》に降《ふ》り注《そそ》がれているのです。

二十一世紀には二十一世紀にふさわしい能力のアップ、いわゆる超能力の学習や吸収を修《おさ》める平常な生活等々があってもよいでしょう。それが光り輝く今なのです。

さあ、これからその深さを超えた自由自在の安らぎと達成の法をお話しすることといたしましょう。

アイ　アイ　ハッピー　カントリー

幸福な星、幸福な国、幸福な村、郡、田舎《いなか》をつくりましょう。なぜ幸福な星が必要なのでしょう。なぜ幸福な国が必要なのでしょう。なぜ幸福な村や郡や田舎《いなか》が必要なのでしょう。

私たちは一人で生きているのではありません。すべての回答はそこにあります。この星が幸せでこそ、私たちは幸せであり、この国家が幸せでこそ私たちは幸せであり、今いる村や郡や田舎《いなか》が幸せでこそ私たちは幸せに生かされている、生きているといえるのです。もちろん、これは、行政のことのみを言っているのではありません。政府のことのみを言っているのでもありません。そして、政治のことのみを言っているのではありません。大らかに、のどかに、のんきに、神様の強い視線が、光明《こうみょう》の強い力が、私たちのカントリーに注《そそ》がれています。

アイ、アイ、ハッピー　カントリー。オー、ハッピー　ビューティフル　カントリー！

オー、グローリアス　ビュー　カントリー！

澄《す》み渡った大空、緑に輝く大地、そこにたたずむ明るい人々。楽しい笑い声が聞こえる、我らがグループ。ストロング　ビューティフル　アンド　ハッピー　カントリー！

このすばらしい星を称《たた》えて、余るところはありません。

このすばらしい星は、無限の宇宙の中でただ浮かんでいるだけなのでしょうか。目的もなくプカプカと、太陽の周《まわ》りを回《まわ》っているだけなのでしょうか。神様も、星も、何かを願っているのではないでしょうか。

そうです。この星は無目的に、プカプカと、無限の宇宙に漂《ただよ》っているのではありません。夢遊病《むゆうびょう》のごとく、太陽の周《まわ》りをクルクルと回《まわ》っているのでもないのです。この星は、スーパーラブによって生かされています。大宇宙のスーパーラブの力がこの星に強く宿り、生きているのです。そのようにこの星は生かされているのです。また、そのように国も生かされるでしょう。村や郡や田舎《いなか》も、強く生かされるでしょう。

経済、分配、労働の成果には、マジックが宿っています。このマジックを有効に活用しましょう。マジックを無視してはなりません。神様はすべての人々がプロセスを経《へ》て、幸福になることを願っているからです。すべての人々が笑顔で美酒《びしゅ》をくみかわすのです。

オー　ビューティフル　ストロング　アンド　ハッピー　カントリー。この雄大さに心の隅々《すみずみ》まで酔いましょう。神様は守ってくださっています。神様は喜んでいらっしゃいます。なぜなら、人々が幸福であれば、神様も幸せだからです。神様もすこやかなのです。神様も嬉《うれ》しいのです。

私たちが生かされている大宇宙は、スーパーラブによって創造されています。スーパーラブの大いなる光明《こうみょう》によって貫《つらぬ》かれています。スーパーラブの太陽たちによって、絶え間なく燦々《さんさん》と大宇宙にエネルギーを届けています。宇宙に漂《ただよ》うグローリアス　カントリー、光明《こうみょう》カントリー、歓喜に満ちたカントリー。我々は大いなるカントリーの光明《こうみょう》大地に、ハッピー　ビュー　サンシャインに、スーパーラブという城を建造することができたのです。

スーパーラブなくして、私たち人類は生きられるのでしょうか。答えは簡単です。なぜなら、私たちは生かされているからです。愛されているからです。最も遠くから、そして最も間近《まぢか》から愛していてくださるのは誰でしょう。影も形もありませんが、それは神様以外にないのです。

あなたが神様に顔を向ける時、あなたが神様の波動《はどう》に心を調律《ちょうりつ》する時、あなたは、神様の波動《はどう》に包まれていることを知っているはずです。私たちは、いつも神様の波動《はどう》に心の調《ちょう》律《りつ》を合わせることによって、神様の波動《はどう》の中に自分が存在しているということを知っています。だから、私たち人類は強いのです。無限の宇宙は、スーパーラブによってつくられているからです。

スーパーラブは、太陽が燦々《さんさん》と輝きに輝き、私たち人類に暖かい陽光を浴びせてくれているのと等しいのです。無償《むしょう》のスーパーラブであり、無償《むしょう》の太陽の陽光です。ただただ嬉《うれ》し、嬉《うれ》しと生かされている様《さま》が存在するということを知るのです。

クリーン　ビュー　カントリーのエネルギー

クリーン　ビュー　カントリーは、花が好きです。大地に花の種を植えましょう。どのような花の種でも、少しの栄養と水さえあれば、発芽《はつが》し、たゆみなく成長しはじめます。そして誰に命じられることもなく、可憐《かれん》な美しい花を咲かせるのです。この単純な現実は、実に不思議なことです。花の種の中に、スーパーラブという強いエネルギーが遺伝子となってプログラミングされているのです。ゆえに、誰に命ぜられなくても、可憐《かれん》な美しい花を懸命《けんめい》に咲かせるのです。

アイ、アイ、ハッピー　カントリーには、澄《す》み渡った天空があります。緑々《りょくりょく》とした大陸があります。珊瑚礁《さんごしょう》の輝く大海があります。そして、ほほえましい多くの人々が生かされています。これは誰の命令でもなく、嬉《うれ》し、嬉《うれ》しとして生きているのです。自由な空気がいっぱいにあふれています。ある意味では、スーパーラブという強いエネルギーの塊《かたまり》によってすべてが動かされているのです。

では、宇宙、星、人類を動かす根本のエネルギーがスーパーラブであるなら、私たちはこのエネルギーの塊《かたまり》とどのように接していけばよいのでしょうか。私たちの幸福を発見するには、今まで述べてきた、このスーパーラブという無限に強いエネルギーの塊《かたまり》に正しく応ずるということが必要です。

スーパーラブという事象《じしょう》に正しく応ずるコンテンツには、いろいろな事柄《ことがら》があると思われます。国家的な事柄《ことがら》、社会的な事柄《ことがら》、公企業の事柄《ことがら》、ボランティア団体の事柄《ことがら》、私企業の事柄《ことがら》、そして大家族あるいは核家族の事柄《ことがら》まで、さまざまな事柄《ことがら》が含《ふく》まれます。宇宙や星の経綸《けいりん》の中枢《ちゅうすう》がスーパーラブであるという現実を踏まえたなら、国家や核家族に至るまですべての中心がスーパーラブであることがはっきりと理解できるでしょう。

このスーパーラブと正しく応ずることができることによって、大いなる幸福が出現するのです。なぜなら、ビッグ　ハッピーは、スーパーラブというチャンネルによって強い神の電流が流れるからにほかなりません。

ハッピー　カントリーは、このスーパーラブという神の強い電流のチャンネルをしっかりと結合させています。ゆえに国家は安泰《あんたい》であり、天はすこやかであり、大陸は緑々《りょくりょく》と力に満ち、人々はほがらかに笑いながら、豊かな生活を営んでいます。神様が与えた無限のスーパーラブというエネルギーは、感謝されるまでもなく、無限に供給されているのです。太陽が燦々《さんさん》と輝くように、無言のうちに命ずることなく、私たちに強き陽光というエネルギーを浴びせるのです。

宇宙の法

宇宙の法は、銀河を貫《つらぬ》く神の力です。絶大《ぜつだい》なる宇宙の力です。この絶大《ぜつだい》なエネルギーは、高貴なる力、清純なる力、万物循環成就《ばんぶつじゅんかんじょうじゅ》の力、華《はな》やかなる光明《こうみょう》の力。このような、快感にしてクリアーな力で充満《じゅうまん》しています。このような力の集積を、私たちはスーパーラブと呼んでいるのです。

「宇宙の法」という大宇宙の力は、スーパーラブで満たされています。宇宙の法の時代に突入しますと（すでにその時代は到来しているのですが）、人生青春八〇〇年の時代です。すがすがしい人間理性によって、さまざまな波動《はどう》をセレクトできる時代がやってきたのです。精妙《せいみょう》な波動《はどう》が強化されたために、私たちは強く生かされていることを自覚することができるのです。

人生青春八〇〇年、嬉《うれ》し嬉《うれ》しい時代が来たのです。「宇宙の法」という宇宙の偉大なる力を無限に浴びることができるのです。

宇宙の法は、とてつもなく偉大な力として有名になるでしょう。銀河の優《すぐ》れたすべての人たちは、宇宙の法という力の流れを讃美するでしょう。銀河の、心洗われたすべての人々を幸福に満たすエネルギーであるからです。

宇宙の法は、神の選択であり、神の業《わざ》でもあります。宇宙の法は、心が洗われたすべての人々の感謝行《かんしゃぎょう》であり、人生の再生であり、回復であり、無限の青春でもあるのです。

銀河の多数の人々は、この宇宙の法を称《たた》えるでしょう。有名にして偉大な宇宙の法と称《とな》えることでしょう。なぜならば、この「宇宙の法」という偉大にして有名な御業《みわざ》は、神様の業《わざ》であるからです。神様の選択であるからです。神様の理想実現の道であるからです。

エナーマス　ゴッド　スピリッツ　アンド　ソウル　ストリーム

では、「宇宙の法」という言葉を、言語的に整理して述べることにしましょう。宇宙の法は「エナーマス　ゴッド　スピリッツ　アンド　ソウル　ストリーム」と言うことができます。これが神様の業《わざ》であるからです。

このエネルギーは、大宇宙のいかなる場所、いかなる次元、いかなる時間をも貫通《かんつう》して流れています。誰でもそのエネルギーを受け取ることができるのです。郵便箱に特別のシールを貼《は》らなくても、受け取る資格のある人々に神様は必ずその「手紙」を届けてくださいます。

そのエネルギーはすばらしいものです。多次元であったり高次元《こうじげん》であったりします。私たちは、しっかりとした感覚でその波動《はどう》を感受することができます。神様の波動《はどう》を体得《たいとく》することができるのです。神様の愛の波動《はどう》を、我が身で実感することができるのです。

それでは、エナーマス　ゴッド　スピリッツ　アンド　ソウル　ストリームという流れに乗るには、どのようにすればよいかということを、これから述べていくことにしましょう。

この流れに乗れば、愉快《ゆかい》になれます。幸せになれます。健康になれます。金持ちになれます。願いはすべて叶《かな》えられるのです。

では、どうすれば願いは叶《かな》うのか。それは、「自《みずか》らの精神を律《りっ》する」ということです。言うまでもありませんが、私たちはクリーニング　ハートということを学習し、マスターしています。クリーニング　ハートということをマスターしているわけですから、この問題はたやすく解けるはずです。すなわち、自《みずか》らの精神、いわゆる自《みずか》らの人生を積極的に、自《みずか》らの鏡によって照らし、自《みずか》らの精神力によって自律《じりつ》せしめていくということにほかなりません。他律《たりつ》ではなく自律《じりつ》であるわけです。

「自《みずか》らの精神を律《りっ》する」ということは、言葉を換《か》えて言えば、自《みずか》らの精神的独立を確保するということであり、自《みずか》らの精神性の不可侵《ふかしん》をも意味するということでもあります。この単純にして明快《めいかい》な解答を、私たちは素直《すなお》に受け取る必要があるのです。

このような精神の自律《じりつ》は、清浄《せいじょう》な愉快《ゆかい》さと、すがすがしいかわいらしさを私たちに与えてくれます。そして、私たちが常にそれを意識して行動する時、ほかの人々、第三者は、同じように正当な愉快《ゆかい》さやすがすがしいかわいさを感じてくれるでしょう。

頭のてっぺんから足の爪先《つまさき》まで、自《みずか》らの精神を自律《じりつ》しましょう。

このように単純なことが、いかに大切であるかを、私たちは知っています。自《みずか》らの精神を自律《じりつ》した人々の一人一人から「エナーマス　ゴッド　スピリッツ　アンド　ソウル　ストリーム」という偉大な力が流れはじめるのです。その力は、頭のてっぺん、真の骨頂《こっちょう》、中央から、足の爪先《つまさき》まで流れに流れ、流れていくのです。そして、あなたに清新な力を与え続けてくれるのです。

あなたは疲れることを知りません。なぜなら、神のエネルギーによって守られているからです。神様が与えてくださった無限のリフレッシュな力を受け取ることができているからです。このような神の流れを受け取ることを、別の言葉で言えば「感謝行《かんしゃぎょう》」とも言います。神様のエネルギーに制限はありません。無限のエネルギー、それがスーパーラブなのです。

大宇宙空間は、スーパーラブの強い流れによって満たされています。このエネルギーは、先ほど述べました自律《じりつ》した精神によって、簡単に感受することができます。私たち人間界にとって、自律《じりつ》した精神がいかに大切か、必要かということが理解できるでしょう。自律《じりつ》した精神は、同時に自《みずか》らの精神を自律《じりつ》せしめることに成功した人々ということができるでしょう。

大宇宙に充満《じゅうまん》する「エナーマス　ゴッド　スピリッツ　アンド　ソウル　ストリーム」という力を受け取り、その流れに乗ることができれば、偉大な宇宙の法という理想実現の神業《かみわざ》に成就《じょうじゅ》することができるのです。

スーパーラブを受け取るための五つのポイント

スーパーラブを受け取るためには、大きく分けて五つのポイントを修得《しゅうとく》することが大切です。

スーパーラブは、言うまでもなく、宇宙のすべていっさいにあまねく流れに流れている宇宙の力の一つです。誰でもこのエネルギーを受け取ることができます。このエネルギーは、あまねく宇宙に充満《じゅうまん》されています。

しかし、このエネルギーを確実に、そして集約的に受け取るためには、どのようにすればよいか。どのようにすれば、絶大《ぜつだい》なパワーが、私たちの人生、私たちの健全な精神、私たちの健全な肉体、健康というものを、理想的に実現してくれるのか。

それは、この大宇宙に漂《ただよ》う、高貴にして強き五つのポイントを修得《しゅうとく》するのが最も優《すぐ》れた方法です。

では、そのポイントを一つずつ述べていくことにしましょう。

一つめのポイントは、ヘルシー　ポイント。
二つめのポイントは、サクセス　ポイント。
三つめのポイントは、ヴィクトリー　ポイント。
四つめのポイントは、幸福満足感ポイント。
五つめのポイントは、理想実現のポイント。

これらの五ポイントを説明する前に、その五ポイントを開けるという作業があります。五ポイントには一つずつドアがあって、それは堅固《けんご》なドアなのです。そのドアを一つずつ開けていかなければなりません。当然、それは開かれていくものではありますが、そのドアを開けるには、そのドアを開けるためのマスターキーが必要です。そのマスターキーとは何でしょうか。

それは、「クリーニング　ハート」というマスターキーです。この、単純にして最も大切なマスターキーを常に保持《ほじ》していてください。なんということはありません。クリーニング　ハートというマスターキーは、物体ではないのです。マスターしてしまえば、どこに仕舞《しま》う必要もありません。常にあなた自身の叡智《えいち》となって働いてくれる、そのようなキーが、あなたのクリーニング　ハートというマスターキーなのです。

五つのドアを開けるための優《すぐ》れたマスターキーは、クリーニング　ハートであるということを覚えておいてください。クリーニング　ハートは、あらゆる諸問題の解決のためのキーワードとなるものです。

さぁ、一つめのヘルシー　ポイントのドアを開けて、中に入っていくこととしましょう。

ヘルシー　ポイント

大宇宙界の生きとし生けるもの、あらゆる生物は、すべて健康であれと創造されました。しかるがゆえに、はじめから終わりまで、その健康体は保証されています。なにも疑う必要はありません。「健康であれ」と創造されたがゆえに、すべて健康であるわけです。

「健康であれ」と命ぜられたその神様の波動《はどう》によって肉体が成就《じょうじゅ》されているとするなら、私たちの肉体成就《じょうじゅ》の精神の中には、健康という神が宿っていることになります。健康の神は、常に健康であれと、健康の成就《じょうじゅ》を実現させます。クリーニング　ハートをマスターした私たちには、健康の神が内在《ないざい》するのです。健康の神は、あたまのてっぺんから足の爪《つま》先《さき》まで、常に健康であるということにすべての勝利を得ているのです。いかなる病《やまい》にも負けることは決してありません。常に、絶対に、必ず、健康という実態が勝利するのです。そして勝利しているのです。

健康の神は、与えられた生命の、すべての肉体の健全なる働き、健全なる実態的作動《さどう》に、完全なる働きをもって躍動《やくどう》しています。その働きは神秘的、強靭《きょうじん》な営《いとな》みを常にしています。

そのような健康の発動は、表面的な事柄《ことがら》だけではありません。深く内部から、静かに、強き強き健康体の実質的エネルギーと波動《はどう》がこみあげてきます。その健康体たるエネルギーの波動《はどう》は、すべての細胞に作用し、健全なる実質となって機能してきます。そこには、あらゆる病気にうち勝つ力が内在《ないざい》しているのです。

その力を引き出すのが、私たちの中にすでにおられる健康の神です。すなわち、私たち自身が健康の神であると断言することができるのです。ゆえに「私は健康の神である」、そのように宣言すれば、やさしく自《みずか》らを見ることができるでしょう。「私は健康の神である」、「私は健康の神である」、「私は健康の神である」。この事実は確かなる真実である。これがヘルシー　ポイントのファクターです。

あなたは、神様から守られているのです。健康の神は、あなたの精神です。再生されない細胞はありません。すべての知識人は、医学の知識は砂浜の一握《ひとにぎ》りの砂であるにすぎないという事実を知っています。

スーパーラブというエネルギーの気流は、ゆっくりとゆっくりとやってきます。静かに落ち着いて、素直《すなお》な真心《まごころ》で感謝して受け取りましょう。自分自身に時間を与えましょう。自分自身に、神との調和と健康の神様との一致《いっち》を計《はか》りましょう。先ほど述べましたマスタ一キーを活用すれば、必ずできます。嬉《うれ》し嬉《うれ》しい健康体は、すでに実現されているのです。固《かた》い意志と決意をもって、健康の神が実現されたことを祝いましょう。

大宇宙というスーパーラブの波動《はどう》を浴びたなら、悪魔は成立しません。病魔は成立しないのです。本来悪魔なし、本来病魔なし。これが大宇宙の実相《じっそう》であり、真実です。だからこそ、大宇宙は健康で充《み》ち満ちているのです。

病《やまい》は治りに治って、健全至極《しごく》の状態となります。本来、病《やまい》という事柄《ことがら》はありませんから、一時的な病《やまい》と見えても、それは仮の姿にすぎません。ですから、あらゆる病《やまい》は治りに治って、すべて健全、健康に修復されるのです。健全に治ってしまうのです。治りに治って、健全体が発現《はつげん》されるのです。快復力、再生力に、無限の宇宙エネルギーが注《そそ》がれるのです。

このように、私たちは、高次元《こうじげん》にあるマスターキーを自由に活用することができるのです。

強く生かされている

みなぎる健康体は、神様という名医が強くサポートしてくださいます。それは三次元的であったり、高次元《こうじげん》的であったりします。いかなる難病といえども、神様という名医は治しに治し、治しまくるのです。その事実に疑う余地はありません。

滝の水のごとく、日常的に奇跡が具現《ぐげん》していきます。その奇跡は、健康の花となって咲き誇《ほこ》ります。健康の神によって念ぜられた種が、花となって咲き誇《ほこ》るのです。その奇跡の花は、湯水のごとく与えられるのです。そのような種が、奇跡となって、私たちの目前に具現《ぐげん》するのです。そして、私たちは健康体になりになるのです。

こうして、みなぎる健康体は、健康の神という精神によって創造されたのです。みなぎる健康体は、ほんの少しの正しい健康の神の念の力によって、すでになし遂《と》げられたのです。

その健康の神の念とは、いわゆる、私たち人間の正しい、ほんの少しの、念じた力であったわけです。このようにして、すでに健康体は得られ、みなぎる健康体となって具現《ぐげん》し続けるのです。

ヘルシーなファクターは、長寿と幸福を呼びにきます。健康という事実は長寿を具現《ぐげん》し、そして幸福をさらに大きく実現します。それは、功《こう》をおさめた長寿、功《こう》をおさめた幸福と言えるでしょう。「功《こう》」とは、成功の「功《こう》」です。「いさお」です。人々と世のために生かされた生命《いのち》です。感謝しながら、嬉《うれ》し嬉《うれ》しと、営《いとな》み、歩んでいく。そして宇宙時代の文化と文明を築いていきましょう。これは、神様に祝われた文化であり、文明であること、宇宙の平和に貢献《こうけん》できる喜びです。

スーパーラブは、神の目の、限りなき力です。神の目は宇宙のすべてを見渡します。へ

ルシー　ポイントを理解できれば、神の目を持つことができます。それは間違いなく、神秘の力が実現し、宇宙のすべてを見渡すことができたのであり、感謝をもって、またさらに美しき宇宙を見続けることも私たちの自由な意志によってできるのです。みなぎる健康体は宇宙の法という力によって貫《つらぬ》かれています。銀河系のセントラル　サンの力を自覚しましょう。私たちは強く生かされているのです。

ラブとスーパーラブの違い

ラブとスーパーラブの違いは、どこにあるでしょうか。ラブは対象を求めようとします。追い続けようとします。これは、小さな愛であるがゆえです。決して大愛《だいあい》ではないのです。スーパーラブは対象を求めません。与えに与え、与え続けるのです。そして決してひるむことなく、宇宙の無限の法則がごとく、与え続けます。

これは、大宇宙がスーパーラブという波動《はどう》に充《み》ち満ちて満たされんがために創造されたがゆえです。そのことに気づかれた方々は幸いです。すでにあなたは幸福であるからです。

さぁ、セントラル　サンを思い浮かべましょう。輝きに輝いて、私たちの太陽を経由し、頭上に燦々《さんさん》と、その無限のエネルギーという光が射し込んできます。これは、無限のスーパーラブというエネルギーです。このたゆみないエネルギーの循環《じゅんかん》を、宇宙の法と呼ぶことができるのです。宇宙の法は、小さな我を解《と》きほぐし、そして解《と》き放ちます。融通無碍《ゆうずうむげ》、自由自在な、自律《じりつ》人間を済生《さいせい》させます。自律《じりつ》人間とは、自《みずか》らを律《りつ》する人間ということです。

私たち人間は、毎日、新たな新陳代謝《しんちんたいしゃ》をとげ、済生《さいせい》させられて、生かされているのです。日々が新鮮であり、嬉《うれ》し嬉《うれ》しいすがすがしい人生のはじまりなのです。新しいトゥデイという道を切り開く祝いの日であるのです。これをハッピー　デイと言わずに何と呼ぶでしょうか。

神様に祝われて生かされている。嬉《うれ》し嬉《うれ》しい一日がはじまるのです。嬉《うれ》しくなるでしょう。楽しくなるでしょう。それが自然の喜びであるわけです。太陽と共に起き、太陽が沈むと、私たちに休養の時間を与えましょう。天地自然の摂理《せつり》に感謝して、健康な生活を送りましょう。ヘルシー　ポイントのドアを開け、その部屋に入り、そして部屋の中央にあるソファーにゆったりと座りましょう。

そうです。ヘルシー　ポイントの話をすべて理解した多くの人々、そのような多くの人々は、神視力旺盛《しんしりょくおうせい》の、幸福長久《ちょうきゅう》という、さらに健康長寿という宿命《しゅくめい》があります。「神《しん》視力旺盛《しりょくおうせい》」とは神の視力、神様のように見る力、これを神視力《しんしりょく》と言います。視力は私たち人間の健全な眼であるところの見る力、視力ということと同じですね。神様がこの世、そしてあらゆる次元で見ておられる。この大宇宙を見ておられる。これを神視力旺盛《しんしりょくおうせい》と言います。旺盛《おうせい》とは盛んなる様《さま》ですね。旺盛《おうせい》の「旺《おう》」とは「日」と「王」を書きます。「盛《せい》」とは「盛ん」という字を書きます。これを「神視力旺盛《しんしりょくおうせい》」と言っているのです。

私たち人間は、神視力旺盛《しんしりょくおうせい》を受けることができたのです。なんとめでたいことでしょう。祝いの杯《さかずき》は蜂蜜《はちみつ》の味がするでしょう。ほんのりとシュガーレスのスィートなテイストです。思う存分飲みほしてください。神様が与えてくださるご神酒《しんしゅ》は、とっても健康によいのです。このご神酒《しんしゅ》はノンアルコールでできているのでしょうか。まことに心地《ここち》よい気分です。

理想の生活

ヘルシー　ポイントの話をご理解されますれば、幸福長久《ちょうきゅう》、そして健康長寿という宿命《しゅくめい》が備わります。神視力旺盛《しんしりょくおうせい》で、幸福長久《ちょうきゅう》、そして健康長寿というご宿命《しゅくめい》です。なぜなら、このような偉大なるスーパーラブという宇宙の真髄《しんずい》を理解されたあなたは、まことにこの宇宙の中でめでたい存在となったからです。まことに単純ではありますが、それがゆえに偉大なのです。

まことに複雑なる構想は、きわめて単純なる真理にたどりつきます。それがこの大宇宙の、偉大なるスーパーラブという現実の、生きに生かされている強烈な波動《はどう》であるわけです。しかるがゆえに、神視力旺盛《しんしりょくおうせい》、幸福長久《ちょうきゅう》、健康長寿というご宿命《しゅくめい》が与えられ、甘受《かんじゅ》しなければなりません。まことにすがすがしく、さわやかで、気楽に、強く生かされているのです。

このような神視力旺盛《しんしりょくおうせい》、幸福長久《ちょうきゅう》、そして健康長寿ということを、なぜ私たちにご宿命《しゅくめい》として、神様はお与えになったのでしょうか。この大宇宙空間に、人間が花を咲かせなさいという、神様の思し召《おぼめ》しがあるがゆえです。しごく単純ではありますが、まことに深い意味合いが、この言葉の中に含《ふく》まれているのです。

この深い意味を、私たちは感謝せずにはおれないはずです。神様の無限の光の波動《はどう》という遺伝子が、人間に与えられているのです。これが宿命《しゅくめい》なのです。スーパーラブを理解した人間は、神視力旺盛《しんしりょくおうせい》、幸福長久《ちょうきゅう》、そして健康長寿という宿命《しゅくめい》が与え続けられるのです。そしてその宿命《しゅくめい》は、絶対的なる力となって実現されてゆくのです。

気楽に、気楽に、気楽に。リラックスして、神様のお与えになる神視《しんし》力旺盛《りょくおうせい》、幸福長《ちょう》久《きゅう》、健康長寿という現実を受け取りましょう。夢でもなく、理想の日々の生活という姿であるのです。

ワンソウル　オールボディ

すがすがしい、健康な人生を送るということ。すがすがしく、楽しい、健康な日々を送るということ。この基本中の基本を、さらに確認しておきましょう。それはどういうことかと言いますと、「ワン　ソウル　セイフティ　ウェイ」ということです。すなわち、ワンボディ　ワンソウルが厳格《げんかく》な定めであり、大基本であり、原点であるということです。これは素直《すなお》に受け取りましょう。

なんの疑いもなく、なんの障碍《しょうげ》もない。なんの疑問の余地もありません。これを説明するには、あまり言《げん》を必要としないのです。しごく当然のことであり、大自然の定めであるからです。ワンボディ　ワンソウル、ワンボディ　ワンソウル、ワンボディ　ワンソウルということを、頭の中に叩《たた》き込んでください。これが真実であり、現実の究極《きゅうきょく》の姿であるからです。

物事《ものごと》の究極《きゅうきょく》は、単体ですね。そのとおり。これが基本中の基本であり、現実化された真実の姿であるのです。無数にある事柄《ことがら》も、ワンソウルが判断します。ここが重要です。なんの障《さわ》りもなく、なんの圧力もありません。それは純真なる判断であり、清浄《せいじょう》な判断です。でありますから、ワンボディ　ワンソウルがヘルシー　ポイントの基点となるわけです。

言うまでもなく、ワンソウルがオールボディを完全に支配し、統治《とうち》します。いつの時代でも、ソウルが先行する立場を、ヘルシーと呼んでいます。つまらないことのように考えられるかもしれませんが、ここで私たちはもう一度確認しておく必要があるのです。それは、ソウルが先行し、ソウルによってすべてのボディが統治《とうち》されるということです。そして、ワンボディ　ワンソウルという現実です。この、基本中の基本の現実をよくわきまえて、宇宙の法の、神の流れに生かされましょう。

ワンボディ　ワンソウルの理解が進めば、次の、神様からご覧《らん》になる、いわゆる神の眼という健全な思い、神様からの光を受け取る。そして私たちは、幸福という笑顔で神様に無言の感謝を行う。

ゴッド　エアー　エクセレンス　パワー

この話がヘルシー　ポイントの有用な一つとなると思いますので、少し述べておきたいと思います。それは「勝ち目　祝い目　祝われ目　畳大明《たたみだいみょう》の名誉《めいよ》の目」ということです。「勝ち目」というのは、「勝利の目」ということですね。「祝いの目　祝われの目」というのは、お祝いのめでたい目ということですね。これは人間の目です。さらに「祝われの目」というのも、めでたき祝福された目ということであり、同じく人間の目ですね。そして「畳大明《たたみだいみょう》の名誉《めいよ》の目」というのは、日本間《にほんま》で使われる畳《たたみ》ですね。「大明《だいみょう》」というのは大きく明るい「大明《だいみょう》」と記します。「名誉《めいよ》の目」というのは、ほまれ高い、称賛《しょうさん》の目と言えましょう。この目は人間の目ですね。このような意味をもって「畳大明《たたみだいみょう》の名誉《めいよ》の目」と言います。

「勝ち目　祝い目　祝われ目　畳大明《たたみだいみょう》の名誉《めいよ》の目」とは、ゴッド　エアー　エクセレンス　パワーということです。クリーニング　ハートをマスターされたあなたには、ゴッド

エアー　エクセレンス　パワーというエネルギーが宿るということです。すでにあなたには、クリーニング　ハートという高次元《こうじげん》のマスターキーが与えられています。このマスターキーさえあれば、ゴッド　エアー　エクセレンス　パワーという無限大のエネルギーをいただくことができるのです。ゴッド　エアー　エクセレンス　パワーという門を開けることができるのです。

この光明《こうみょう》に充ち満ちた偉大な癒《いや》しの力、偉大な治癒《ちゆ》の力、偉大な完成へ至る道へのエネルギー、あらゆる一切の現実的問題、肉体的問題などを、すべて完全に治す力、そのような偉大なエネルギーが、ゴッド　エアー　エクセレンス　パワーなのです。以後、この力をGAEPと呼びましょう。

先ほど述べましたように、このGAEPという力は誰でも得《う》ることができます。誰でも活用することができます。一つのマスターキーを持っていてください。それはもうおわかりですね。クリーニング　ハートというマスターキーです。このマスターキーは高次元《こうじげん》にあります。あなたの目には、すでに見えているはずです。

このキーを使ってください。この高次元《こうじげん》界にあるマスターキーを活用するに従って、ほんもののクリーニング　ハートをあなた自身で体得《たいとく》することができるのです。あらゆる事《じ》象《しょう》は全開展《ぜんかいてん》へと開けていくのです。ＧＡＥＰという神の偉大な力が、このような簡単なノウハウを知ることによって、自分が感知する社会、自分が感知する家庭、自分が感知する国家、自分が感知する世界など、あらゆる事象《じしょう》が大改善されていくのです。大いなる、善なる力となって、ハッピーでヘルシーな全開展《ぜんかいてん》を、自分自身に結果として与えてくれるのです。そして、それは「勝ち目　祝い目　祝われ目　畳大明《たたみだいみょう》の名誉《めいよ》の目」というすばらしい結果となって現れるのです。それは自分自身の現実となって現れるのです。

たとえば、あなたが病《やまい》という仮の姿にハイキングしているとしましょう。そしてあなたの心のどこかの片隅《かたすみ》に、必ず治りたい、あるいは必ず治る、さらにはいずれ自然に治ってしまうであろう、という固《かた》い決意があるなら、透明なクリーニング　ハートというマスターキーと、ＧＡＥＰという力を思い出してください。そしてそれを活用してください。この力は無償《むしょう》の大愛《だいあい》です。

無償《むしょう》の大愛《だいあい》は、スーパーラブによって発動されます。美しい限りの力であると言えましょう。そのようでありますから、必然として、あなたの病《やまい》は治ります。確かに、必然として治ります。間違いなく、必然として治るのです。すでに治ったことの現実に感謝しましょう。すでに治されているのです。

私たちの根本の設計図は、健康であれと強く強く記されているのです。その健康の大原因が、私たちにはあるのですから、そこに無限の神の力が流入するという現実を目の前に見るならば、そこには健康体という全体像が具現《ぐげん》する以外に何もないのです。だから、私たちはすでに健康体を得ているのです。

病《やまい》が消滅《しょうめつ》し、必然としての絶対的健康体が具現《ぐげん》したことに感謝しましょう。透明な視界が開かれたことに感謝しましょう。魔障《ましょう》を除く、ヘルシーな目を忘れないでください。GAEPの力は、あらゆる優《すぐ》れたインスツルメントの作用を活用します。ヘルシー　ポイントをマスターし、幸福を得られることに感謝しましょう。

勝ち目、畳目《たたみめ》大明《だいみょう》の祝いの目、光明《こうみょう》百会《ひゃくえ》察気《さっき》、防活神流《ぼうかつしんりゅう》

「勝ち目」とは、勝利の目ということでご理解していただいているはずです。しかし、神様の世界には、「勝ち」とか「負け」とかいう次元のことはありません。神様が勝ったり負けたりして遊んでおられるわけではないのです。神様に「負け」などはありません。あえて言うならば、勝ちっぱなしということでしょう。無限に勝利する神様のエネルギー、こ

れを「勝ち目」と称《しょう》しているのですが、これは人間の側から見た場合の話です。人間はこれを「勝利」と呼んでいるのです。神様から見ればごく当たり前の、通常のエネルギーの流れであるわけです。しかしながら、人間の側から見れば勝利と呼びたくなるのですね。つまり、わかりやすくするために「勝ち目」と言っているのです。ですから、GAEPという力が発動し、流れるなら、我々人間の世界から見れば「勝ち目」の状況がすでに大きく具現《ぐげん》されてきたと言えるのです。

そのようになりますと、自《おの》ずと神様から祝われます。そして、社会や家庭や諸国家から祝われるでしょう。これを称《しょう》して「祝い目　祝われ目」と言っているのです。

次に、「畳目大明《たたみめだいみょう》の祝いの目」ということですが、これはあまりにも日本的なので、アメリカやヨーロッパの諸氏《しょし》には少し理解するのがむずかしいかもしれません。しかしながら、今日《こんにち》では東洋の文化、特に日本古代の、伝承による文化という物事《ものごと》や事柄《ことがら》が見直されていますので、興味を注《そそ》がれるでしょうね。

日本伝統の吉祥《きっしょう》、畳目《たたみめ》は、GAEPの力によって、大いなる光明《こうみょう》となって私たちの日常生活に具現《ぐげん》します。これを「畳目大明《たたみめだいみょう》」と言います。このような吉祥《きっしょう》の日々の営《いとな》み、日本の古代文化、伝統による、吉祥《きっしょう》の日々の営《いとな》み、この平凡《へいぼん》な、楽しきそして嬉《うれ》しき日常生活が「名誉《めいよ》の目」と言えましょう。伝統の中に、楽しき嬉《うれ》しきに生かされるという名誉《めいよ》です。これが「名誉《めいよ》の目」です。気楽に、感謝して受け取りましょう。このオーナーは私たちなのです。十分に活用しましょう。十分に安息《あんそく》しましょう。十分にリラックスしましょう。十分に楽しみましょう。

三番目に、ディフェンシング　ヘルシー　ポイントの話を少ししましょう。「光明百《こうみょうひゃく》会察気《えさっき》・防活神流《ぼうかつしんりゅう》」ということです。光明《こうみょう》は「光り明るい」、百会《ひゃくえ》は「百」の「会」と書きます。会は会合の「会」ですね。人間の肉体で、頭の頂上のことです。察気《さっき》とは警察の「察」と気合いの「気」ですね。すなわち、「光明百会察気《こうみょうひゃくえさっき》」ですね。簡単ですが、深い意味を持ちます。

「防活《ぼうかつ》」は、防衛の「防」と活気の「活」、生活の「活」ですね。「神流《しんりゅう》」は神様の「神」と流星の「流」ですね。これで「防活神流《ぼうかつしんりゅう》」と言います。

これは、全身の健康なる態様《たいよう》を生かし防衛し、さらに生かし防衛しながら神の流れとなって、人間の健康を、真に神様がお守りになるという法のことを言います。あまり技術的なことにこだわる必要はありませんが、テンポラリー　ワールドを正し、強く、明るく生きていただくために、覚えておいていただいた方がよいでしょう。

察気《さっき》

私たち健康な人間の肉体の中には、さらさらとしたきれいな血液と、さらさらとしたきれいなリンパ液と、さらさらとしたきれいな体液が、常に流れています。その健全な肉体に、光明《こうみょう》百会《ひゃくえ》察気《さっき》・防活神流《ぼうかつしんりゅう》というすばらしい神様のお働きを合一《ごういつ》させてみましょう。明るい力を百会《ひゃくえ》で観《み》てみましょう。観《み》るというのは、観察の「観」ですね。そしてその百《ひゃく》会《え》の部分にある気を正しましょう。気とは「正気《しょうき》」の気です。「気合い」の気です。「元気」の気です。「察気《さっき》」と記するところの気を、正しく観察する。そして、正しい気に、強く修正するということです。これを「察気《さっき》」と言ってよいでしょう。

自分の頭のてっぺん、真骨頂《しんこっちょう》を、光明《こうみょう》にしましょう。真骨頂《しんこっちょう》の気を正しましょう。真《しん》骨頂《こっちょう》の気を正しく観察しましょう。そして常に正しい気に修正しましょう。

もっと突き進んで言えば、頭のてっぺんを神様の気と合一《ごういつ》させましょう、ということです。これを「光明《こうみょう》百会《ひゃくえ》察気《さっき》」と言います。

なぜ「察気《さっき》」という言葉が必要かと言いますと、常に百会《ひゃくえ》の中身の気というものを、セ

ルフ　ポリスマンのごとく、自分の百会《ひゃくえ》を監視していくためです。自分の百会《ひゃくえ》の中に、自分の警察官を配置してください。そして自分の百会《ひゃくえ》に神様を安住させてください。自《みず》らの正しい精神というセンサーで、百会《ひゃくえ》に光を与えましょう。自《みず》らのセンサーで百会《ひゃくえ》の気を判別しましょう。自《みず》らの光というセンサーで、百会《ひゃくえ》にまことの神を安住させましょう。これでよいのです。

こうして、「光明百会察気《こうみょうひゃくえさっき》」という、人間の、神人《しんじん》としての真骨頂《しんこっちょう》を鏡に映し、光らせましょう。真骨頂《しんこっちょう》を神の波動《はどう》と合一《ごういつ》させるのです。察気《さっき》によって正された真骨頂《しんこっちょう》は、神の波動《はどう》を常に放つようになっています。

そして「防活神流《ぼうかつしんりゅう》」です。これは、真骨頂《しんこっちょう》、神の働き、作用、光の放射《ほうしゃ》という営《いとな》みを守り、生かし、神流と記されたるごとく、神の波動《はどう》を真骨頂《しんこっちょう》から足の先隅々《すみずみ》まで流すということです。

これが「ディフェンシング　ヘルシー　ポイント」です。このようなスピリチュアルな健全要素を日々のライフスタイルに取り入れていくことが必要です。このような生活対応を、日々何気《なにげ》なく行なわれるならば、常に清々《すがすが》しく快適で、気分がスッキリした、いわゆるあたりまえの健康生活を営《いとな》むことができるのです。

このようにうまく全開展《ぜんかいてん》していくという現実を、私たちは知ることができるようになるのです。このようにうまくいく精神的諸側面、そして、うまくいく肉体的諸条件、これらが総合統一されて、心身一如《しんしんいちにょ》という全人格としての働きが作動《さどう》しはじめるということです。

なぜこのようにうまくいくのかと言いますと、それは宇宙の法という大きな神の流れに、心と肉体が、スピリチュアルな波動《はどう》から全体にわたって完全に合一《ごういつ》しているからです。

うまく運んでいるのは、精神と肉体だけではありません。すでにご理解のとおり、精神と肉体から発するすばらしいヘルシーな波動《はどう》は、社会的諸関係もうまく展開するように運び、家庭関係もうまく展開するように運び、さらに友人関係はもちろんのこと、諸国家のパーティの席上でもうまく運ぶ諸現象となって現れるのです。

ヘルシーな要件を備えた話は、飲めるわけです。そのとおりに、じょうずに飲めるわけです。よい環境を日常に備えたならば、よいお酒を飲むことができるのです。よいお酒を飲むことができるということは、よい環境で日常的生活が行われているということです。

このような状態を日々、継続《けいぞく》して、ライフスタイルに組み込むにはどのようにすればよいかということを考えましょう。それはヘルシー　ポイントを踏まえた、基礎的な、よいマニュアル、正しいマニュアルを作成しておくということですね。あるいは、そのような、よいマニュアルの習慣を日常生活の中に組み入れておくということにほかなりません。

ノルウェーの森のかわいい妖精《ようせい》たちは、眠る必要もなく、食べる必要もなく、不必要な欲望を満たす必要もありません。まったく楽しげに日々を過ごしています。

さて、私たちが人間という存在として生かされ生きるには、日々の、安息日《あんそくび》以外は軽快な運動、栄養価があり、あまり甘くないおいしい食事を摂取《せっしゅ》しなければなりません。もちろん、居住《きょじゅう》空間に十分な配慮《はいりょ》と、静寂《せいじゃく》性のあるバランスを保全しなければなりません。

このように、快適で健康な人間としての生活を送るには、軽快な運動、優《すぐ》れた食事、健全な居住《きょじゅう》空間、のんきでゆったりとした時間、これがリラックス　タイムですね。このような諸条件をうまく整えていくということが、つまらないことと思うかもしれませんが、人間には必要なのです。

しかしながら、神人類《しんじんるい》には強い本能があります。その本能の中のある部分は常に心洗われる神様につながろうとしているのです。ゆえに、心配なく、健全なる人間生活としての諸条件をクリアーしていくことができるのです。

リカバリング能力

明瞭《めいりょう》なリカバリングと、爽快《そうかい》な気分をゲット　ウェルさせるための方法を述べましょう。

さまざまなヘルシーへの魅力は、肉体という成長がほぼ終了した後においても、人間の肉体はさらに済生《さいせい》し、新陳代謝《しんちんたいしゃ》をくり返し、常に健常な肉体を維持《いじ》しようとすることです。そして、肉体的損傷《そんしょう》や疾病《しっぺい》がある場合においても、人間の肉体の力が完治させてしまうのです。

完全で強力な治癒《ちゆ》力、根治《こんち》力、全治させる力は何かと言いますと、それは先ほど述べた、宇宙の法という力を自分の肉体に合一《ごういつ》させるという方法です。その方法を実行することによって、強力な根治《こんち》力、完治力、全治力が、すみやかに遂行《すいこう》されていくのです。これはきわめて強力であり、高次元《こうじげん》からの機動力です。これですべて完了されてしまうのです。しかしながら、それは健全性を保持《ほじ》するための人工的統一性を阻《はば》むものではありません。であります から、私たちは、この方法を採用することによって、完全無欠の肉体を得ることができるのです。深い意味を持つと同時に、しごく簡単な方法なのです。このような肉体の完全性があるのは、精神世界において先行されたすばらしい精神領域《りょういき》がすでにクリアーされた状況に、祝福されているからです。

ナチュラル　リカバリング　ウェイ

さまざまのヘルシー　パワーの構造と魅力は、強いリカバリング能力にあるのです。このリカバリング能力とは、単純にして本能的なリカバリングのための、肉体の持つ力。ということは肉体にすでに与えられている根治《こんち》力、完治力です。

表層《ひょうそう》的な怪我《けが》は私たちが何も考えなくとも、肉体にすでに与えられた再生能力、完治力が働き、知らない間に治されています。これはナチュラル　リカバリング　ウェイというものですね。

このようなナチュラル　リカバリング　ウェイというものは、まことに大切なものです。なぜなら、知らないうちの微少《びしょう》な怪我《けが》や疾病《しっぺい》というものは、私たちが知らない間に、このナチュラル　リカバリング　ウェイという肉体に与えられた力が治し続けているからです。

そして私たちは、完全な肉体として、健康な肉体を享受《きょうじゅ》し、何も知らない間に、健康で楽しい生活を送ることができるわけです。人間の肉体が再生され、完治されるということ、いわゆる新陳代謝《しんちんたいしゃ》が、人間の思考とは何ら関係なく行われ続け、堅固《けんご》にして健常な肉体を維持《いじ》してくれているということです。

さらに、宇宙の法という神の大きな流れを理解されましたので、どんな困難な疾病《しっぺい》や、損傷《そんしょう》といえども、完治され、根治《こんち》され、全治させてしまう力が存在し、その力と自分自身を完全に合一《ごういつ》させることができるのであるということです。

恒常的《こうじょうてき》なリカバリングを、いつでも行うことができる。優《すぐ》れたリカバリングは、このような道筋《みちすじ》によって完成されるということが理解できました。私たちは完治した全人格者であり、根治《こんち》した全人格者であり、全治した全人格者であるということができるのです。このように全人格を備えた人間は、完全なる健康をすでに手に入れているわけですから、その健康は、肉体上はもちろんのこと、先ほど述べましたスピリチュアルな健全性においても、先行してその働きを営んでいるのです。

先行された働きということは、ヘルシーなスピリットのことを言うわけですが、それは宇宙の法という流れを自覚することによって体現することができるということです。すなわち、心身一如《しんしんいちにょ》ですね。これを、神人合一《ごういつ》に、グレード　アップさせてみましょう。それが、ここでのポイントです。

ワンソウル　ワンボディという基本的な考え方を、再度、確認しておきましょう。そしてリカバリングの原点に立ち帰るならば、今まで述べた諸要素をフルに活用し、理解され、実行されるということに従って、理想的な健康を惜《お》しみなく体得《たいとく》されることになるのです。このようなヘルシーの両義は、社会的な大きな成功、社会的な大きな信用、社会的な大きな勝利は言うに及ばず、家庭の幸福及び、諸国家にまたがる友人たちにも幸せを強固《きょうこ》なものにする基礎が、すでに与えられたのです。

このようなヘルシーの作用は、無限の宇宙のエネルギーによって貫《つらぬ》かれています。これは無限のリカバリング　パワーです。無限のリカバリング　パワーは、いの一番いい調合《ちょうごう》という方法をもって、肉体を健全性にダイヤ　エレクトさせます。このダイヤ　エレクトは無限性をもって活動させますが、いの一番いい方法をもって、調和させるのです。その調和最高点を維持《いじ》し、終了します。これが健全な肉体の営《いとな》みの一環と言えるのです。

人間の営《いとな》みは、ある意味においては、セクシーに垣間見《かいまみ》えることがあります。これは、宇宙の無限の時間の中で、主《おも》たる地位を占める必要性から生じたものであると同時に、神様からの深遠《しんえん》なるご命令のゆえんと言うことができるでしょう。

人間の肉体上の健全性、そしてその健全性のダイヤ　エレクトは、自律《じりつ》的であり、また ナチュラルで、非自発的な、フル　オートマティックな作用があります。これは、何もかも、スーパーラブがなせる技《わざ》です。まことに不可思議と言うほかありません。肉体の中で、ダイヤ　エレクトさせ、肉体の各部分あるいは全身的に賦活《ふかつ》させ、健全性を強固《きょうこ》にさせるのです。健康と長寿の意義は、総合的なライフスタイルを健全なライフスタイルへとチェック　アップさせること、そして、総合的なヘルシー　マニュアルをライフスタイルに、いの一番いい調合《ちょうごう》で組み合わせ、年々の寿《じゅ》をとおして健全性を確立することです。

サクセス　ポイント

ウィンドウの外には、森とビルディング街が共存しています。二十一世紀は人類の変革《へんかく》の時です。人類の変革《へんかく》の後も、宇宙の法は光り輝き、有名になるでしょう。神の偉大な力を信ずるからです。

宇宙の中の淘汰《とうた》、再生、そして無限への真理と神知《しんち》と美しさ、たゆみない生命力、成長力が、宇宙には存在します。宇宙の生成《せいせい》発展がサクセスであるように、我々人類の生き様《ざま》がサクセスしていこうとしています。これは自然な成長の流れです。宇宙の生成《せいせい》、サクセスと同時進行に、我々人類は生成《せいせい》、サクセスしていくのです。これは神の願いであり、また我々人類の意志力でもあるのです。そして、これは自然な流れでもあるのです。

人類の成功のもろもろのユニットは、おのおの各個人のサクセスライフであると言えましょう。ここではもろもろの、各個人のサクセスライフに関して話を進めることにしましょう。

あらゆるサクセスは、スーパーラブの流れに乗ることが重要です。この流れに違《たが》えて成功することは、まことに稀《まれ》と言うしかありません。この稀《まれ》な現象は、私たちの知らない側面において常にスーパーラブの働きがあると言えるでしょう。ゆえに、スーパーラブというエネルギーのきわめて大きな流れは、あらゆる宇宙の隅々《すみずみ》にまで完膚《かんぷ》無《な》きまでに完全に行き届き、貫《つらぬ》かれているということが言えるのです。

もろもろの人生には、サクセスライフのポイント、いわゆるサクセス　ポイントが必ずあるということです。

宇宙の法の辞書は、AからZまで織《お》り貫《つらぬ》かれています。どのページをめくってもサクセスです。それは、毎日が平凡《へいぼん》なサクセスであるということかもしれません。小さなサクセスから大きなサクセスまで、楽しいことでいっぱいなのです。人生の彩《いろど》りはいろいろなスパイスで味つけられています。淡《あわ》いときもあり、非常に味わい深い時もあります。平和と平凡《へいぼん》さの中に、哀愁《あいしゅう》ということもあるのは、人生の味わい深い楽しみの一つと考えられます。

ところで、宇宙の法は、すがすがしいハッピーな人生で貫《つらぬ》かれています。このハッピーをマキシマムに引き出そうというのが、このサクセス　ポイントであるわけです。従って、確かにサクセス　ポイントはあるのです。

このサクセス　ポイントを、しっかりと落ち着いて必ず見つけ出していきましょう。各人のパーソナリティはおのおの相違《そうい》しますが、サクセス　ポイントは必ず見いだすことができるはずです。地表にダイヤモンドの層が露出《ろしゅつ》しているように、あなたはこの光り輝くまぶしいダイヤモンドの層を見いだすことができるのです。

そうです。私たちは、そのダイヤモンドを確かに手中《しゅちゅう》に得ることができるのです。ダイヤモンドの地層は何の変遷《へんせん》もなく地表に漂《ただよ》っているわけではありません。このダイヤモンドの地層は、地中深くで形成され、その地中深くで形成された地層が、いくたびかの変遷《へんせん》、変革《へんかく》をもって地表に露出《ろしゅつ》してきたのです。地表に現れ輝いたダイヤモンドを見いだせることができた人は、チャンスを得たことになります。このチャンスは、グッド　ラックなのです。グッド　ラックは落ち着いて活用しましょう。グッド　ラックは感謝して活用しましょう。グッド　ラックは社会の進歩と発展のために活用しましょう。そのような活用のされ方が自分自身も十分に生かし、楽しませることができ、嬉《うれ》しさに満ちあふれることができる、サクセス　ポイントであるわけです。

さて、サクセスのノーマル　ウェイに関して言うなら、明瞭《めいりょう》なリズム、快感なテンポ、そして明確な目的性があります。サクセスは、ほんものを好んでいるように見えます。これはどういうことかと言いますと、ほんものの波動《はどう》は、明瞭《めいりょう》なリズムがあり、快感なテンポがあり、目的性がはっきりとしているように見えるからです。ですから、サクセスを手《しゅ》中《ちゅう》にし、拡大再生産をなそうとする人々は、ほんもの指向であるということが言えるのです。このような、ほんものの明瞭《めいりょう》なリズム、快感なテンポ、そして正しい目的、これをここでは仮に大文字のAとして表記しましょう。

先見力《せんけんりょく》

サクセス　ポイントの重要性は、これから述べるとおりです。

それは、人生の先方、あるいは企業の先方を、そしてあるいは国家の先方を明らかに見通す力を持つということです。

これは一般的に「先見力《せんけんりょく》」として広く知れわたっていることです。先を見ないで歩けば、小石につまずいて転ぶという危険がありますね。この危険をまったくない状態にせねばなりません。これは、先方をしっかりと見て安全に歩くということに尽《つ》きるわけです。

重要な最初の歩みは、前方《ぜんぽう》をしっかりと見て、先を見据《みす》える、そして先を見通す、という作業が必ずいたさなければならないワークです。このワークを「ファースト　イメージング」によって即座《そくざ》に完成させましょう。自《みずか》らの自律《じりつ》的判断によって明確な立場をうち立てましょう。

神様は、人間に前頭葉《ぜんとうよう》というすばらしい頭脳をお与えになっておられます。この部分を十分に働かせましょう。先方を推理する力、前方《ぜんぽう》を見抜く力、先方を明らかに見る力、このような能力が人間の前頭葉《ぜんとうよう》に、ひそかに隠《かく》されているのです。この与えられた能力を十分に活用しなければなりません。完全に生かすのです。十分な休養を与えた後、フルに活用させて働かせましょう。フル　オールカラーの前途《ぜんと》を、神様は祝福されるのです。あらゆるいっさいに惑《まど》わされる必要はないのです。用心して進みましょう。足元と前方《ぜんぽう》をしっかりと見据《みす》えてください。前方《ぜんぽう》に壁があれば粉砕《ふんさい》し、にこやかに笑いながら勝利の女神《めがみ》と握手《あくしゅ》をしましょう。さえぎるものは何もないのです。

先見力《せんけんりょく》、この言葉の実行力がキーワードの一つとなっているのです。十年後、二十年後、五十年後、百年後、そして神の目を持った先方の見える力。常識的、一般的先見力《せんけんりょく》。これを大文字のBとして表記しましょう。

自律性《じりつ》

サクセス　ポイントとして必要なことは、自律性《じりつ》ということです。

人間であれば、諸個人の自律性《じりつ》、会社組織であれば会社組織の自律性《じりつ》、国家であれば国家としての自律性《じりつ》、あるいはまた優良星《ゆうりょうせい》。レベルとしてのまとまった一つの強固《きょうこ》な自律《じりつ》性。優良星《ゆうりょうせい》とは優良な星という意味ですね。もちろん、優良な星に住む人々ということは、優《すぐ》れた人々が住む星ということではないでしょうか。

このように、自律《じりつ》性ということが、きわめて大切なサクセス　ポイントとなっているのです。いかなるサクセス具現《ぐげん》といえども、その主たるスピリットと具体性が自律《じりつ》性を持っていなければ何の値打ちもないのです。自律《じりつ》性のない、単なる成功具象《ぐしょう》ということは、化《ば》け物《もの》以外の何ものでもありません。

さて、美しき自律《じりつ》性によってハーモナイズされたさまざまなサクセス。このサクセスの中には、文明的サクセスもあり、文化の高い香り漂《ただよ》うサクセスもあるのです。自律《じりつ》性の完全なる確立、これを大文字のCとして表記しましょう。

ABCのプラス発想

以上で、サクセス　ポイントのABCが説明されました。

私たちの人間生活では、このような単純にして明解なサクセス　ポイントを持つということは、明らかに、人生を積極的に捉《とら》え、人生を明解に解決させるうえで重要なことであると思われます。サクセス　ポイントのＡＢＣを羅列《られつ》して、プラス発想を用いて述べてみましょう。

軽快なリズムを持ったライフスタイルを行い、快感であるがごとくのテンポを持って仕事をする。これが一日の私たちの生活になります。そしてそのリズムやテンポは、はっきりとした目的があり、目標があります。この目標や目的のために、楽しい人生を、リズムとテンポに乗って送るのです。

その目的、目標は、見通しの明るい現実、見通しの明るい近未来、見通しの明るい現状分析《ぶんせき》がなされています。それはすべてが目的に向かって進んでいるという自覚にはじまるのであり、プロセスの一環であるという考え方に基《もと》づいています。その先見力《せんけんりょく》は短期的でもあり、長期的でもあります。そしてその先見力《せんけんりょく》を持つがゆえに、必ず成功させる状況が生じてきます。それは私たちに有利であり、将来的に際《さい》して必ず勝利をもたらす原因となるのです。

このように、先見性《せんけん》を持った決断を下すことによって、すべてがうまく整い、運んでくるのです。すべてはまったく思いどおりの成功に満たされ、運ばれていきますと、その中心となる決断者は、自律《じりつ》心を必ず持っています。

この自律《じりつ》心は、必然的な能力であり、基盤《きばん》でもあるわけです。自《みずか》らを律《りっ》する力、これがすばらしく自律《じりつ》心の優雅《ゆうが》な展開となって人生を彩《いろど》り豊かに、深く味わいのある、あるいはロマンティックに酔《よ》うことのできる成功者へと決定づけられるのです。このABCのプラス発想が、サクセスライフの要諦《ようてい》、いわゆるポイントです。

エクセレンス　ハーモニー　アンド　ビッグ　サクセス

もう一つ深く突っ込んで、この問題を、輝く光明《こうみょう》に導《みちび》いていきましょう。

それは、前述したサクセス・ポイントのABCを、足し算ではなくかけ算にしてパワーアップ処理をなすということです。A×B×C＝エクセレンス　ハーモニー　アンド　ビッグ　サクセスです。自《みずか》らの絶大《ぜつだい》なサクセスに、自《みずか》らが驚くことになるでしょう。そこには、にせものや高慢な貨幣商品はないのです。

ハーモナイズされた、すこやかなビッグ　サクセスは、ホーリーな祝福の香りのある、ハッピーな現実があるのです。個人のライフスタイルも、会社、企業のライフスタイルも、あるいは諸国家の内政と外交政策も、今まで述べましたサクセス　ポイントを踏まえたうえで行われますれば、すべてが改善された方向へ、正しく発展性に満ちた方向へとサクセスしていくことに疑いはありません。うまく運ぶサクセス　ポイントの円満な行事は、すべてをうまく、サクセスへと運んでくれるでしょう。

ヴィクトリー　ポイント

スーパーラブの絶対的な世界においては、どのポイントにおいても、それはすべてヴィクトリー　ポイントであるということを知りましょう。なぜなら、この大宇宙はスーパーラブという大勝利の波動《はどう》によってすでに創造されているからです。

スーパーラブという波動《はどう》に一致《いっち》して生き生かされている現実を素直《すなお》に体得《たいとく》すれば、そのポイントはすべて勝利に満たされているわけです。ゆえに、スーパーラブにおいてはすべてがヴィクトリー　ポイントであり、無限のチャンスがそこに存在するというわけです。

あえてヴィクトリー　ポイントと言いますのは、この人間世界において、人間の側から見た場合、人間がすべて勝利しているというわけではないのですから、その意味において必ず勝利するポイントを、人間の側から見た場合に、このような法則を守れば必ず勝利するというポイントを話すことにしましょう。

神様のスーパーラブというヴィクトリー　ポイントは、スーパーラブという辞書にあまねく、すべて、ヴィクトリーという文字が記されています。ヴィクトリーという文字以外には何の言葉も記されておりません。これがここで述べられていくヴィクトリー　ポイントなのです。

スーパーラブから確立されたヴィクトリー　ポイントには、すがすがしさと感謝と喜び以外にありません。明るいのです。とても明るいのです。常に太陽が燦々《さんさん》と輝いています。そしてそのポイントには、よからぬ思い、妬《ねた》み、恨《うら》やみ、そねみ、呪《のろ》い、怒り、いらいら心、せかせか心、ガサガサした心、便乗《びんじょう》、我良《われよし》の心、憑依《ひょうい》、自己中心の心、悲哀の心、といった良からぬ心の思いはいっさいありません。良からぬ心の思いをいっさい持たないというのが、ここで言われているスーパーラブに従うところのヴィクトリー　ポイントなのです。

このように、美しき、すがすがしい心を「クリーニング　ハートを行う」と言っています。クリーニング　ハートは宇宙の法の基本とされる大きな要素です。ゆえに、ヴィクトリー　ポイントにおける「ヴィクトリー」という言葉に、あまりこだわらないでください。

これは、スーパーラブにおいてはごくごく当たり前のことであるからです。ヴィクトリーという言葉にとらわれて、言葉の迷路に陥《おちい》ってはなりません。常に足元を明るくして、一歩一歩、着実に前進しましょう。ヴィクトリー　ポイントは、正しく、強く、明るい世の中をつくっていくことができます。きわめて優秀なクオリティ、そしてゆとりのある時空間に、強く支えられて完成されます。

ヴィクトリー　ポイントの三要素

ここで、ヴィクトリー　ポイントの三要素を述べましょう。

その三要素というのは、一つに、中心点を立てるということです。二つめに、何ごとにも囚《とら》われない時空間の真理を立てるということです。そして三つめには、人間性を立てるということです。

以上の三つをヴィクトリー　ポイントの要諦《ようてい》として理解するならば、宇宙の法の目的は達せられるでしょう。このヴィクトリー　ポイントの三要素は、各単位で重要ではありますが、三要素がお互いに総合して、相互間《そうごかん》にたいへんよい働きが発生されるのです。単独だけではなく、三つの要素の優《すぐ》れた強いハーモニー効果があるということが言えます。三要素の協調成果と言うことができると思います。

さて、スーパーラブに際《さい》するヴィクトリー　ポイントの原点を立てるということはどういうことでしょうか。これを少しずつ解明してゆきましょう。

すべての物事《ものごと》には、中心点というポイントがあります。もちろん、不必要な物事《ものごと》をきれいに整理整頓《せいとん》し、必要な物事《ものごと》に関してその中心点を深く考えてみるということです。中心点を立てるということに関して、その本質的正解な自由を確立させるためには、ヴィクトリー　ポイントの三つの要素に共通して、高次元《こうじげん》意識のセキュリティー　メソッドということが必要です。もっと簡単に言えば、りんごを食べる前に、りんごの表皮《ひょうひ》に有害な農薬がしみ込んでいないかどうか、りんごが良からぬウィルスなどに汚染《おせん》されていないかどうか、りんごの中身や種がほんものかどうかなどということを十分に警戒《けいかい》し、洞察《どうさつ》し、あるいは検証《けんしょう》しなければならないということです。

これには、いろいろな科学的に優《すぐ》れたセキュリティー　メソッドということがあるでしょう。そして、高次元《こうじげん》的意識の働きによる洞察《どうさつ》ということがあるでしょう。現在の人類社会には、まだまだこのプロセスが必要なようです。

本来は、このようなつまらない無駄《むだ》な検証《けんしょう》はなくともよいはずです。なぜならば、理想社会にあっては、犯罪はいっさいないからです。ただし、人的《じんてき》犯罪でない自然災害や、人間科学の知悉《ちしつ》していない原因による人的被害などの、未然《みぜん》での安全を確立するということ、このような安全をすべてにわたって確実に遂行《すいこう》されるという利点がセキュリティー　メソッドにあるわけです。

宇宙の法のヴィクトリー　ポイントは、理想社会に近づかなければなりません。理想社会の中にこそ、宇宙の法の真髄《しんずい》があるからです。人類は観音《かんのん》様の世界に近づく努力をしなければなりません。ヴィクトリー　ポイントの目的とするところは、まさに観世音菩薩《かんぜおんぼさつ》様の理想世界に近づくことにほかならないのです。

ヴィクトリー　ポイントの神の目は、観自在菩薩《かんじざいぼさつ》の目です。観自在菩薩《かんじざいぼさつ》の目は、視野が広く、光明《こうみょう》に満ちて、洞察《どうさつ》に優《すぐ》れています。すべての色彩は、清純に澄《す》みわたり、ほのかにキラキラと輝いているのです。自在にして快感な世界を目にすることができるのです。目にするということは、目に見えるということです。そしてその見るということは、いわゆる、目で観ずることです。観ずるの「観」とは観察の「観」です。観音《かんのん》様の「観」ですね。

そのようなわけで、観自在菩薩《かんじざいぼさつ》という、すばらしい神の目が宿るわけです。基本的な考え方として、物事《ものごと》の原点を立てるということは、神の目で見たセキュリティーをクリアーし、ほんものの理想世界に導《みちび》いてくれること。ほんものの理想世界に近づける努力をなすこと。ほんものの理想世界へ近づけるためのプロセスをしっかりと観察することです。自分の本心と神の目の中心点が重なったポイント、このポイントが、ここで言われている物《もの》事《ごと》の中心点であり、その中心点を立てるということがヴィクトリー　ポイントの一つであるということなのです。

真理を立てる

ヴィクトリー　ポイントの一つである時空間の真理を立てる、ということに話を進めていきましょう。

時空間の真理を立てるということは、どういうことでしょうか。このような「立てる」という意味は、人間が立ち座るという場合の「立つ」ですね。人間が立って歩くという時の「立つ」ですね。立方体、平面体の場合では、立方体の「立《りつ》」ということです。大黒柱《だいこくばしら》が立つという場合も、ここでは人間が立って歩く場合と同じ用語を使います。建築の建ではありません。立体的な物事《ものごと》を支える真髄《しんずい》、これはいわゆる時空間を支える真理です。

この真理を立てることによって、物事《ものごと》はすべて回転するのです。時空間の真理を立てるということは、カレンダーをめくり見るという時間、その時間の経過、年月という時間、そして単一立方体、あるいは距離を持つ立方体、またあるいは立方体と立方体の距離に関係する様相《ようそう》、このような諸関係の間に確立する真理という法則を立てるということです。

この「真理を立てる」ということは、ただ純粋《じゅんすい》な物理的要素のみのことではありません。神様の波動《はどう》に基《もと》づく、優《すぐ》れたスーパーラブというエネルギーが、そこに必ず存在しているのです。それゆえに、時空間の真理を立てるという言葉に、計《はか》り知れないすばらしさと感動、感銘《かんめい》があるということになるのです。

ですから、時空間の真理を立てるということは、そこに無限性が秘められており、感動が秘められており、躍動《やくどう》する生命の喜びが秘められているのです。人類は、太陽の輝きを日々、燦々《さんさん》と浴びながら、楽しい生活を営《いとな》みます。これは誰の命令でもなく、誰からの義務でもなく、共同事業でもありません。燦々《さんさん》と輝く太陽のもと、光明《こうみょう》に満ちて楽しい生活が宿されているのです。神様は、超無限の光を創造し賜《たま》い、絶大《ぜつだい》なる幸福をお与えになるのです。

四季にふさわしい花々が誰に断りもなく咲いているように、まことに自然な摂理《せつり》なのです。気負《きお》うことは何もないのです。何もかもが気楽に整っているのです。宇宙の調和はすべてに行き渡って、静かに響《ひび》きあっているように見えます。

従って、楽しいのです。楽しくなってくるのです。嬉《うれ》しいのです。嬉《うれ》しくなってくるのです。素晴らしいのです。素晴らしくなってくるのです。光明《こうみょう》の優しさに満ち足りています。時空間の真理を立てるということは、このようなことです。これがヴィクトリー　ポイントの、真理を立てるということです。

もっとわかりやすく言えば、こういうことでもあるでしょう。

大木が立っています。太陽が燦々《さんさん》と輝いた後、水をあげることとしましょう。大木は水を欲していたのです。だから水を与えました。大木は水をもらい、若葉の芽を誇《ほこ》らしく咲かせます。隣の島の大木から金剛鳥《こんごうちょう》が数十羽やってきました。そして大木の枝に宿り、子育てをはじめています。金剛鳥《こんごうちょう》は隣の島のいろいろな楽しいできごとをたくさんおしゃべりし、忙しそうに小枝《こえだ》を集めています。大木は楽しそうに金剛鳥《こんごうちょう》の語りを聞いています。

そうこうするうちに、金剛鳥《こんごうちょう》は利益という卵を産んでくれたのです。

私たち人間は、素直《すなお》にその利益を受け取りましょう。疑う必要はないのです。金剛鳥《こんごうちょう》は、スーパーラブという無限のエネルギーがこの大木に降《ふ》り注《そそ》いで満ちているがゆえに、利益という卵を産んでくれたのです。そして、この大木に水を与えたということが真理であるということになるのです。この大木はハッピーであり、金剛鳥《こんごうちょう》もハッピーであり、とりわけ人間はハッピーです。時空間の真理を立てるということが、ヴィクトリー　ポイントの一つであるわけです。何もむずかしいことはありません。ことさら無駄《むだ》な追究《ついきゅう》をする必要は、何もないのです。

人間性を立てる

ヴィクトリー　ポイントの一つである、人間性を立てるということについて深く考えてみることにしましょう。

ヒューマニティーを無視して、人間社会は成り立ちません。最終的には民主主義的法治国家としての決済《けっさい》がなされますが、人間社会の円滑《えんかつ》なあらゆる局面において、ヒューマニティーということが、きわめて重要な役割を果たしています。端的《たんてき》に言うならば、おのおのの人間性を重んじ、各個人の基本とする人間性を確立したものとして認めるということです。

このような、各個人の人間性を認めるというところから、パートナーシップの集積としてのソーシャリティー　ヴィクトリーが発生する起因《きいん》となるのです。ゆえに、人間社会で言うところのヴィクトリーは、このようなもろもろの人間性の確立およびその尊重《そんちょう》ということを認めることからはじまるのです。

人間性を認めるということは、円滑《えんかつ》なソサィティー回転をなすうえの基本中の基本であり、まさに社会的重要な任務《にんむ》を達成する場合の、基礎的基本要素とされるわけです。足元を輝かせるという言葉がありますが、人間性の確たる尊重《そんちょう》は、まさに足元を照らす、足元を輝かさせるという認識《にんしき》に一致《いっち》するのです。

ところで、人間性を認めるという以前に、人間性を開発し、人間性を高めるというステップが必要です。すがすがしくも清まった人間性を確立し、高めるというステップをしっかりとここで確認しておきましょう。

たとえば、絶大《ぜつだい》な勾玉型《まがたま》クリスタルを想起《そうき》してみましょう。その勾玉型《まがたま》クリスタルは、ゆっくりとゆっくりと右回転して運動しています。一町村のごとき大きさのクリスタル、あるいは一国家単位のごとき大きさのクリスタルが回転しています。それは、ゆっくりとゆっくりと、勾玉《まがたま》型のクリスタルという形をもって、絶大《ぜつだい》な光が流れています。それは、ヒューマニティーをキラキラと輝かせる光線です。キラキラと光りながら、ゆっくりとゆっくりと右回転しているのです。

ウォーター　ヘブン　パレスの秘法——ヘッド　トーキング

人間性の清純性を清らかに高めながら、ここでウォーター　ヘブン　パレスという秘法をひもといてみましょう。

ウォーター　ヘブン　パレスということはどういうことでしょうか。人間の想念《そうねん》や心が水のようにサラサラと自由自在に行き交《か》い、目的とするところにすがすがしく安住できるという様《さま》。このような宮殿のごとき城の主《あるじ》になることです。

このような城の主《あるじ》の心は、常に清らかであり、サラサラと水のごとき考えによってとどまることを知りません。常にサラサラと清らかに流れているのです。秘法というのは何も特別なことではありません。より意味の深い、ヘッド　トーキングを通して、私たちの人間性を少しずつ光明《こうみょう》世界へと高めるプロセスが必要です。人間性を高める、ヘッド　トーキングは、どこででも、誰とでも、会話を通してなすことが可能です。

たとえば、なぜ私たちは宇宙の中で生かされているのであろう、なぜ私たちは宇宙の中で生きているのであろう。まったくつまらないヘッド　トーキングをはじめてみましょう。誰とでもできることです。なぜ花は美しいのだろう、なぜこの花は赤色に燦々《さんさん》と輝いて私たちに見せているのだろう等々、それもヘッド　トーキングです。

太陽は輝き、私たちに何かを語りかけているのであろうか。それともただ単に地球の周《まわ》りを物理的要素のみにて、グルグルと回っているだけであろうか。これもヘッド　トーキングです。人間性を尊重《そんちょう》するということは、すでに生かされてある生命を、限りなく愛《いと》おしむということです。そこにヘッド　トーキングの意味があるのです。前方《ぜんぽう》にある水平線は、私たちに何かを語ってくれるでしょうか。何も語ってくれません。私たちは確かに今、個々に存在するという事実を気づかせてくれるだけです。

そこでスーパーラブを思い浮かべる時、私たちは孤独《こどく》ではありません。強く生かされ、神様に見守られているのです。そこに人間性の何たるかを理解することが可能なのです。光明《こうみょう》世界はつまらないブレイン　リビングの認識《にんしき》によって形づくられていますが、その認識《にんしき》を、人間性を高めるという手続きによって強く強く輝かせることができるのです。そこに真骨頂《しんこっちょう》の自由自在な気の巡《めぐ》りが神々《こうごう》しく流通し、光り輝いている様《さま》を見ることができるのです。

健康の勝利は、人間性を深めるという一局面を持っていると思われます。勝利の中で健康は重要な位置を占めています。そのようななかで、健康の勝利は、人間性を高めるというプロセスにおいて、自《みずか》らトレーニングをしておくべき、重要なテーマです。どのような精神的、肉体的ひずみでも、クリーニング　ハートをなし、光明《こうみょう》リビングの波動《はどう》に修正されるならば、すべて完治し、生命みなぎる躍動《やくどう》に成就《じょうじゅ》することができるのです。

従って、人間性の確立は、精神面でのリカバリングであり、肉体上のリカバリングであり、社会的必要性へのリカバリングです。それがゆえに、人間性を立てるということは、スーパーラブの流れにかなうことであり、あらゆるひずみをリカバリングしていく基《もと》となる大きな要素であるということがわかります。健康の勝利は人間性の勝利であるということが言えるのです。健康の勝利は人間社会の重要な支柱であるからです。健康の勝利は、つまらない人間性の確立と、その人間性を高める小さな積み重ねの努力によってもたらされるということです。

燦々《さんさん》と光明《こうみょう》思想が輝くブレインと真骨頂《しんこっちょう》、あるいは、清く光り輝く想念《そうねん》のブレイン中心全域にわたる太陽 θ《シータ》作動《さどう》が、あまねく神の与える勝利へと導《みちび》くのです。

スーパーラブ　ブレインの中には、小悪魔はいません。悪い考えを持つ生命体もいません。凶暴《きょうぼう》な動物もいません。神を呪《のろ》うものは一存在もないのです。スーパーラブの絶大《ぜつだい》なるエネルギーは、あらゆるいっさいの清浄《せいじょう》なる進化を祝います。それはあふれるがごとき、たゆたう強さによって厳《おごそ》かに流れています。

私たちは万物《ばんぶつ》の霊長です。自信を持って人間性を確立しましょう。自信を持って人間性を高めましょう。自信を持って、困難なリカバリングに感謝しましょう。絶大《ぜつだい》な勾玉《まがたま》型水晶が回転するに従って、ゆっくりとゆっくりと、すべての事柄《ことがら》が解決され、完治され、常《つね》日頃《ひごろ》の清浄《せいじょう》、成功へと、強く強く導かれていきます。そして、その困難な物事《ものごと》がすべてヒストリーとされていくのです。

今現在、私たちは健康なる勝利を手に入れ、快活《かいかつ》なる日常生活を手に入れているのです。神知《しんち》の働きと人間性の偉大な確立に感謝しましょう。そこにすべての解決があるのです。このようなことを神の勝利と呼んでいます。私たちは神と共に歩んでいるということに、幸せを感ずることができるのです。すべてが解決されるという現実に、感謝の念をもって生活することができるのです。人間性を立てるということは、このような深い意味合いを持った、キラキラと光る勝利フィーリングを伴って、前途《ぜんと》を光明《こうみょう》に満たし、広く広く押し広げてくれるのです。これが勝利ポイントの一つである「人間性を立てる」ということです。

幸福満足度ポイント

幸福の満足度とはどういうことでしょうか。言葉の罠《わな》にはまってはいけません。矛盾《むじゅん》のない自由自在な発想で考えてみることです。

幸福の実感に矛盾《むじゅん》はありません。幸せであるならば、素直《すなお》に幸せであると感じるでしょう。福分《ふくぶん》が授《さず》けられたならば、素直《すなお》に福分《ふくぶん》に感謝することができるでしょう。生活を束縛《そくばく》されることは何もありません。自由自在な生活がそこにあるのです。そこで、矛盾《むじゅん》のない、自由自在な生活、これを幸福の基準と考えましょう。この基準を拠《よ》り所《どころ》として、自《みずか》らの心の生活を拠《よ》り所《どころ》とする考え方を鏡に映しましょう。

それはどのように映るでしょうか。その鏡に矛盾《むじゅん》や不自由が現れていないかどうか、あなたはチェックすることができます。あなたはチェックする権利があるのです。もちろん、その鏡に、矛盾《むじゅん》や不自由が発見されたならば、あなたは即座《そくざ》にその矛盾《むじゅん》や不自由を正常に直す権利があるのです。

話をもっとわかりやすい道筋《みちすじ》をもとに考えていきましょう。

要約すれば、それはこういうことになるだろうと思われます。人生には無数のウェイがあります。それは、グッド　ベイシック　ウェイに、自《みずか》らを乗せるということです。現実には無数のウェイを選ぶ権利があります。しかしながら、そのウェイを無差別に徒労《とろう》する必要はまったくありません。そこでグッド　ベイシック　ウェイに乗るわけです。

そうです。グッド　ベイシック　ウェイという、すばらしいウェイを歩くわけです。ゆっくりと、間違いなく、堂々と歩んでいくことができます。卑怯《ひきょう》なまねはいっさいいらないのです。堂々と歩きましょう。プライドを先に求める必要はありません。何の心配もありません。プライドが必要であれば、後々《のちのち》、あなたの請求を待つまでもなく、あなたにプライドは与えられるでしょう。あなたは、ただグッド　ベイシック　ウェイというウェイをしずしずと歩んでゆけばよいわけです。気取ることも、卑下《ひげ》することも、いっさい必要ありません。黙《もく》しながら、沈黙を楽しみながら、しずしずと歩んでいけばよいのです。堂々と歩んでいけばよいのです。

グッド　ベイシック　ウェイには、ごきげんな挨拶《あいさつ》があります。簡単なことです。しごく簡単なことです。すでにクリーニング　ハートはご存知でしょう。あなたも知っているとおり、清い考えに充満《じゅうまん》し、心は真心《まごころ》であり、常にきれいに発動しています。きれいに、無限に、鼓動《こどう》しているのです。

さて、幸福に満足を覚える道とは、すでに述べたとおり、グッド　ベイシック　ウェイに乗ることからはじまります。では、どのようにすればグッド　ベイシック　ウェイに乗ることができるかということを言いましょう。

それは簡単なことです。心の波長を、真の神様の波長に合わせる努力をするということです。そのための、自《みずか》らのチェックは、矛盾《むじゅん》していないかどうか、自由自在であるかどうかということにあります。人間には自由な思考が許されています。そして人間には自由な選択が許されています。この自由な思考や選択は、権利でもあるのです。この権利を十分に活用させてください。

あなたのグッド　ベイシック　ウェイ

話を先ほどのグッド　ベイシック　ウェイに戻って考えましょう。

あなたはグッド　ベイシック　ウェイを見つけることができます。そしてグッド　ベイシック　ウェイに乗る方法を発見します。その方法とは次のようなことです。

神様の多様《たよう》なすばらしい表現の、その一つに、あなたは十分な役割を果たすことができます。その働きをなすという方法をあなたは知っています。あなたは、その働きを十分に満足をもって実現させることができるのです。

そうです。あなたは、すでにその働きを実現中であるのです。すばらしい実績があなたの後《あと》に道程《どうてい》として残されています。そしてあなたは輝かしい未来を見るのです。見ることができるのです。そこにあなたの生き甲斐《がい》があるのです。幸福の満足度ということは、そのようなことです。

これを科学的に言うなら、次のようにも言うことができるでしょう。

あなたはすでに才能を持っています。その才能はどのような方面に最大の能力が発揮《はっき》されるか、あなたは客観的に確認することができます。さらに、日常生活の中であなたは自ずと、自《みずか》らがどのような分野に自分の才能が発揮《はっき》されるか、知ることができるでしょう。あなたのすばらしい才能を、恵まれた才覚を、その必要としている社会的分野において十分発揮《はっき》させることが、あなたにとって最大の幸福であるという現実です。

このようなことは、自《みずか》らの総合科学的判断によって、自《みずか》らの進路を科学的に押し広げていくということが可能であるということです。もちろん、自《みずか》らのすばらしい得技や、特色のある才能という事柄《ことがら》には、自《みずか》らが興味を持ち、そして何よりもそのような事柄《ことがら》に日常接していることが、本当に好きであるということが必要です。それは、自《みずか》らの才能と、自《みずか》らの好感度ということが、相比《あい》例していることが、相比例しているということです。

そのような心理関係を十分にクリアーし、自《みずか》らの好《よ》しとする方向へ自《みずか》らが努力し、光明《こうみょう》の世界へと強く強く押し広げていくという努力が、平凡《へいぼん》でありながら楽しい人生設計につながっていくのであると考えることができるのです。このような考え方が、宗教と科学の一致《いっち》する点において幸福が見いだされるという、客観的な物事《ものごと》の捉《とら》え方ができると思われます。

以上のような考え方のもとに、自分の人生をグッド　ベイシック　ウェイに乗せるということです。そこに、生き甲斐《がい》や自尊心が見いだされるのです。人につき障《さわ》る必要はありません。人に不洗心《ふせんしん》を覚える必要はありません。自《みずか》らのいっさいとその周囲には、矛盾《むじゅん》はなく、自由自在な、楽しい生活習慣が実現として存在するのです。心洗われし、すがすがしい通常の年月、平常なる正しい心がけ、想念《そうねん》界の健全にしてすこやかな発育を、自《みずか》らの人生に朝日の昇る光に向かって祈念《きねん》し、そして、夕日の沈む暁《あかつき》に向かって、平穏《へいおん》で幸福であった一日を感謝の念をもって捧《ささ》げ、穏《おだ》やかな家庭に帰宅し、その主《あるじ》たるあなたは、健全なる肉体を育《はぐく》む医食同源《いしょくどうげん》としての良い食事に迎えられ、塩梅《あんばい》の良い風呂に接し、穏《おだ》やかで楽しい会話を楽しみ、神に無言《むごん》の感謝を捧《ささ》げつつ、深い熟睡《じゅくすい》の床《とこ》に眠るのです。そして朝は太陽の輝きに起き、無償《むしょう》の感激と無償《むしょう》の喜び、無償《むしょう》の生き甲斐《がい》を感ずることができるでしょう。

あなたの幸福はすでに満たされています。なぜなら、あなたの心はすでに洗われているからです。あなたの心の波長は調和しているからです。

さぁ、ハピネスの挨拶《あいさつ》を実践《じっせん》しましょう。

セイ、グッド　モーニング！　セイ、グッド　モーニング！

グッド　ベイシック　ウェイにすべての人を乗せましょう。そして、グッド　ベイシックウェイに乗っている人を、さらに元気づけましょう。人にパワーを無償《むしょう》であげることによって、自《みずか》らがさらにパワーアップされることをあなたは知っています。元気よく、朝「おはよう！」と言いましょう。目上の人には敬語をもって、年下の者には愛情をもって、元気よく挨拶《あいさつ》しましょう。太陽が昇り、日中に十分活動したなら、その一日の無事《ぶじ》を感謝し、愉快《ゆかい》な団らんの後、夜「お休みなさい！」と言いましょう。そしてすこやかな床《とこ》に楽しく就《つ》くことです。このようなヘルシーなライフスタイルを考える時、有意義な幸福、満足度を覚えることができるでしょう。

理想達成のポイント

ヘルシーライフを営《いとな》むうえでの人生の目標、あるいは自分が理想とする立場等が、どの程度まで達成されたか、そして、どのように達成させていくことができるか、そのようなことを、ここではポイントとして考えてみましょう。

最初に、理想を達成するためのベイシックな法則を確認しておきましょう。そのベイシックな法則とは、宇宙の絶対的な力を発現《はつげん》させるスーパーラブという考え方です。

もちろん、このポイントにおいても、このベイシックな法則であるスーパーラブという考え方が基底《きてい》に力強く流れています。宇宙の絶対的な力を発現《はつげん》させるスーパーラブというエネルギーは、銀河の中心から脈々《みゃくみゃく》と流れ打って出ています。このエネルギーは万物《ばんぶつ》を貫《つらぬ》き、宇宙を貫いて、あまねく脈打つ力強いエネルギーです。

このエネルギーは、真実の生命波動《はどう》とも言えます。この真実の生命波動《はどう》は、無限の鼓動《こどう》をもって私たち生命界に働きかけます。人間世界へはもちろん、強力に働き続けています。その無限の生命波動《はどう》は、生物のみならず惑星レベルまでも働き続けているのです。生命波《は》動《どう》の無限の鼓動《こどう》は、あまねく真実の長久《ちょうきゅう》の、無限の鼓動《こどう》となって私たち人生に働きかけ続けているのです。これは無償《むしょう》の大愛《だいあい》であり、スーパーラブの本質であるわけです。このような力強い無限の鼓動《こどう》の働きの上に、私たちの人生をすがすがしく構築《こうちく》していきましょう。このベイシックな法則を確認することが何よりも大切なことです。

真実の生命波動《はどう》は無限の鼓動《こどう》であるというベイシックな法則を確認し、この無限の鼓動《こどう》によって私たち人間は生かされているのであるということを、十分に理解しておくことが必要であると思います。このようなベイシックな法則の理解の上に立って、おのおのの人生の理想達成というパースペクティブを眺《なが》めてみましょう。必ずそこには人生の輝くポイントが見いだされるはずです。

そこには、不洗心《ふせんしん》な考えや詭弁《きべん》や偽善《ぎぜん》といったものはいっさいないはずです。神のソウルは無限の鼓動《こどう》を響かせ続けるのです。無限に、休むことなく、鼓動《こどう》し続けるのです。この無限の鼓動《こどう》は大宇宙のスーパーラブという力によって無限に供給されているのです。

さて、理想の達成とはどういうことでしょう。人類はどのような理想を求めているのでしょうか。簡単に言えば、ユートピアですね。私たちはこの「ユートピア」という言葉を、言葉として終わらせてしまっていいのでしょうか。ユートピアは、いずれ実現させねばなりません。それが理想であるからです。そのユートピアの理想実現に向けて、私たち人類は、どのような努力をなさねばならないのでしょうか。そして宇宙はどのような働きかけを人類になすのでしょうか。人類のユートピアとはどのようなスタイルでしょうか。

それは、地球という惑星が大まかな、そして神の理《ことわり》に統御《とうぎょ》された一つの行政体が確立されているということでしょう。もちろん、その行政体は恒久《こうきゅう》の平和を実現されているのです。人類はすこやかに、皆クリーニング　ハートを幼少の時代より訓育《くんいく》されています。そして単位ごとの自由な自治組織が存在します。

ここで言われている単位ごとの自治体とは、今日《こんにち》での国々に相当するのです。その単位ごとの自治体はきめ細《こま》かな行政サービスを人類に行います。

ここで注意しなければならないのは、人類という住民単位で、各行政サービスがとどこおりなく行われるということです。このようなユートピアには犯罪はまったくないのです。病気もありません。当然、戦争などということも、まったくないのです。人類は真実のソウルに目覚め、生き生きと、長寿にして、幸福に生活しています。人類と共に、科学者は宇宙の真相を知り、神様を敬うことに敬虔《けいけん》となるのです。

宇宙からの働きかけ

宇宙からの人類への働きかけに思いを馳《は》せてみることにしましょう。

これは簡単に言えば、神様のお働きです。このお働きに際《さい》して、私たち人類はどのような心がけをすればよいのでしょうか。

すでにあなたはご承知《しょうち》のはずです。それはクリーニング　ハートですね。クリーニング　ハートを実践《じっせん》する人類は、正しく強く明るい社会が開かれていきます。正しく強く明るい人生が開かれていきます。正しく強く明るい家庭が開かれていきます。健常にして強靭《きょうじん》な精神は、神様の無限の鼓動《こどう》を受け止め、すこやかな脈動《みゃくどう》となって、強く生かされていくのです。

さて、理想達成度の、各個人レベルでのライフスタイルとはどのようなことでしょうか。それは簡単に言えば、価値観と自律《じりつ》的表現ということです。価値観には千差万別《せんさばんべつ》の種目があり興味があります。そのような選択と興味が自律《じりつ》的に表現されるということです。おのおののライフスタイルの中で、自分の選択した興味や得意とする分野において、素直《すなお》に価値観を見いだし、自律《じりつ》的に最高度において表現された時、理想達成のポイントが、そこにあるのでしょう。

以上でスーパーラブの五つのポイントは終了いたしました。このような五ポイントを理解されたライフスタイルは、嬉《うれ》し嬉《うれ》し、楽し楽しい人生が、すでに実現されており、大いなる神様の祝福が約束されていると、断言することができるのです。

バン　バン　ラン　ラン　ウェイ

祝福され、生かされる人々の歩む道のりを「バン　バン　ラン　ラン　ウェイ」と言うことにしましょう。バン　バン　ラン　ラン　ウェイにすべての人たちが乗って、すこやかに、楽しく嬉《うれ》し嬉《うれ》しいハッピー　ライフを営んでいただきたいのです。

心には何のとらわれもなく、何の障《さわ》りもなく、何の悩みもない、明るくすこやかな心持ち、常に快適な気分で、自《みずか》らのなすすべてをなすことができる。そして二十四時間、すこやかな人生の一コマを、長い長い道のり、これを人生と言うのであれば、充実《じゅうじつ》したすこやかな一日が有意義な積み重ねをなしていく。このような様《さま》を、しっかりと自分自身が客観的に捉《とら》え、観察することができるのです。

健康、長寿、そして幸福は、平凡《へいぼん》にしてどこにでも存在することです。何も特別なことではありません。健康、長寿、幸福の実現者は、何のとらわれもなく、バン　バン　ラン　ラン　ウェイにすでに乗っている多くの人たちです。バン　バン　ラン　ラン　ウェイの本質とはいったい何でしょうか。その本質の解明を、少ししていくことにしましょう。

私たちは、大宇宙の大海原《おおうなばら》に生かされています。そしてこの大宇宙は、大いなる宇宙の力によって貫《つらぬ》かれているのです。大いなる宇宙は、ゆっくりとゆっくりと、旋律《せんりつ》を持って、ゆっくりとゆっくりと回転し、運動しているのです。そのような大宇宙の大海原《おおうなばら》にあって、人間はいかにして生かされているのでしょうか。人間が強く正しく明るく生きんとするためには、どのようなことに心がけねばならぬのでしょうか。

それは、無限のコスミック　パワーにより発動されるソウル　ストリームという守護《しゅご》を受けることにあります。これは、真人類《しんじんるい》を守護《しゅご》する大霊《たいれい》の力でもあります。ソウル　ストリームという守護《しゅご》を受けることによって、私たちは強く正しく明るく生かされていることが実感できるのです。

この無限のコスミック　パワーより発せられるソウル　ストリームという力が、私たち人間の身体《からだ》を貫《つらぬ》き、守護《しゅご》するがゆえに、私たちが平凡《へいぼん》に生活し、健康、長寿、そして幸福という楽しい日々を送ることができるのです。それは、クリアーなものの考え方であるならば、言葉を変えればクリーニング　ハートがすでにマスターされておられる方であれば、すべてソウル　ストリームの守護《しゅご》を受けることができるのです。

健康、長寿、そして幸福ということは、そのような当たり前のベイシックなクリーンハートによって支えられているのです。これは何も特別のことではありません。そして、何も、特別むずかしいことではありません。真人類《しんじんるい》を守護《しゅご》する大霊《たいれい》という絶大《ぜつだい》なエネルギーは無限のコスミック　パワーから発動されるソウル　ストリームと、まったく同一の守《しゅ》護《ご》存在です。このような大守護霊団《だいしゅごれいだん》は、ソウル　ストリームというパワーをもって人間を守護《しゅご》するのです。健康、長寿、そして幸福という、平凡《へいぼん》な事柄《ことがら》は、そういった守護《しゅご》の一例に過ぎないのです。大霊界《だいれいかい》からのソウル　ストリームという守護《しゅご》は特別の因縁《いんねん》は必要ありません。バン　バン　ラン　ラン　ウェイに乗るということ、それは、コスミック　パワーより発するソウル　ストリームという守護《しゅご》を受けるということです。

バン　バン　ラン　ラン　ウェイに乗った多くの人たちは、過去、現在、未来という三界において自由自在に幸福を体験し、また自《おの》ずから意志決定のできるという、すばらしく有意義な人生を歴史にします。それは大宇宙の力、ソウル　ストリームの守護《しゅご》を受けたという感謝にほかなりません。そして感謝の結果として、健康、長寿、幸福という現象が具体的に私たちの日常生活の中に現れてくるのです。

この宇宙は、大きく未来へ広がっています。このゆっくりとした大きな広がりがバンバン　ラン　ラン　ウェイなのです。この大きな宇宙の力が、まさしくソウル　ストリームなのです。

聖火は永久《とわ》に燃え続ける

スーパーラブという聖火は永久に燃え続けています。朝、太陽が昇り、花が目覚める時、蜜蜂《みつばち》は花々をめぐり、忙しそうに花々に挨拶《あいさつ》をしています。小川は何ごともなかったかのように朝日を浴び、照り返しながらキラキラと流れています。何もかもが、すがすがしく、生き生きと、リセットされて開始されるのです。

聖なる火は、日ごとにすがすがしく、静かに強く燃え続けています。地球の中心にマグマが燃えさかっているように、太陽もまた燦々《さんさん》と天空から地を照らし続けています。大宇宙は聖火という炎によって輝いています。その聖火とは、言うまでもなくスーパーラブということです。

聖火というスーパーラブは、宇宙の隅々《すみずみ》まで行き渡り、燦々《さんさん》とその輝きを発揚《はつよう》しているのです。セントラル　サンから発する聖火はスーパーラブの波動《はどう》となりて、あまねくいっさいの生物を生かし続け、あらゆる物質に光り輝く波動《はどう》を与え続けているのです。セントラル　サンの聖火は、宇宙の恒久《こうきゅう》なる平和を求め続けています。セントラル　サンの聖火は、あらゆる想念《そうねん》の浄化《じょうか》を求め続けています。セントラル　サンの聖火は、このようなことの実現のために、あまねくスーパーラブというエネルギーを全宇宙に向かって放っているのです。

私たち人類は、このようなすばらしいエネルギー波動《はどう》を甘受《かんじゅ》することができたのです。スーパーラブのエネルギーは宇宙の調和となって働いています。永久に燃え続ける聖火を心の中に灯《とも》しましょう。何ものにも恐れることのない聖火を自《みずか》らの胸の内に、ほんの少しでよいのですから、燃え続けさせましょう。私たちは、そのようなことを大愛《だいあい》と言います。そして超越《ちょうえつ》したる愛、超愛《ちょうあい》と言っているのです。

自《みずか》らの心の中に聖火を灯《とも》し続ける生活とは、どのような生活のことなのでしょうか。頭の中心には神の光が宿ります。頭の中心に光る神の光は、心の中の聖火を燃やし続けさせるのです。頭の中の神の光は、頭の中に強く光るエネルギーは、スーパーラブという無限のエネルギーと頭の中心に、光をもって結合し、まことの人間の大愛《だいあい》を発動する存在として、人間を発動させているのです。

もっとわかりやすく述べましょう。人間は神の姿を与えられた唯一の生物なのです。その神の姿にふさわしい大愛《だいあい》の実践《じっせん》を、神様は願われているのです。人間は大愛《だいあい》の実現を、本能として受け継いでいるのです。まさに神様からの遺伝子が、脈々《みゃくみゃく》と、我ら真人類の中に、強く強く生き続けているのです。

このしっかりした真実を、明確に私たちは受け止めて、自覚しなければならないのです。大宇宙の無限のスーパーラブというエネルギーは、人間の頭の中心の、ある意味での神殿に宿り、その中心から強く強く光となって現れるのです。これが人間の人間たるゆえんです。

このような理由から、人間は他のあらゆるいっさいの生物から、特別な存在者としてこの宇宙の中に生存させられているのです。ゆえに人間は、生まれ持ったこの偉大なる聖火を絶やすことなく燃やし続けていくという、幸せな運命を持っているのです。私たちはこの幸せな聖火という運命を、素直《すなお》に感謝して、大宇宙のしっかりとした基盤《きばん》の上に、サンシャインを背にして、力強く実行する権能を持っているのです。

神様から与えられたこの権能は自由自在であり、神様の波動《はどう》と一致《いっち》して拡大することが可能です。聖なる火、いわゆる聖火を、各人がほんの少し持ち続けるならば、あらゆる家庭は平和な家庭であり、豊かな家庭であり、社会的尊敬を受ける家庭でしょう。これは社会においても、諸国家においても、さらには惑星単位のハイレベルな行いにおいても同じことが言えるのです。

頭の中心にスーパーラブという光を、強く強く、そして強く、発してください。心の中に聖火という火を、ほんの少し燃やしてください。私たちは神とともにあることができます。

ヘルシー　イメージング

ここでは、絶対的健康の話をすることにしましょう。

あらゆる生命は健康に生かされるよう、エネルギーが流されています。健康に生かされるべく、エネルギーが脈々《みゃくみゃく》と力強く流されているわけですから、私たちはそのように健康に生かされるべく、私たちの足場《あしば》、生活のリズム、生活の空間、グッド　タイムリーな生活、等々というヘルシー　ライフを構築《こうちく》していけばよいわけです。

ヘルシー　ライフの総合的結果とされるハッピー　ライフは、先ほど言いましたヘルシー　ライフのさまざまなエクセレンスな要素を巧《たく》みに組み合わせ、あるいはゆるやかに調整をなし、実現していくことです。絶対的健康のものの考え方ということは、ヘルシー　ライフを積極的に考えていくということに尽《つ》きるのです。ヘルシー　スタイルを積極的にイメージングし、そしてそのヘルシーなイメージに自《みず》らのライフスタイルを積極的に接近し、あるいは合一《ごういつ》させることです。そのように、積極的に、無理のないヘルシー　スタイルは、日々継続《けいぞく》することによって確実に強固《きょうこ》な精神と、強固《きょうこ》な肉体を、あまねく創造し続けるのです。これを、絶対的健康のものの考え方と言ってよいでしょう。

さて、自由自在な健康、障《さわ》りのない健康、因縁《いんねん》が解脱《げだつ》された健康、いわゆる超因縁《いんねん》の開放形オーラというのは、自《みず》らの心、霊、魂の中心線に神様の強い光を流していただくということです。このようなことは、絶対的健康以上の、言語にすることさえ躊躇《ちゅうちょ》されるほどのすばらしい実態生活が約束されるということです。

ヘルシー　イメージングの基本中の基本は、自己中心主義というものの考え方を滅却《めっきゃく》し、依存心というものの考え方を滅却《めっきゃく》し、唯物《ゆいぶつ》主義というものの考え方を滅却《めっきゃく》するところから大きく全開展《ぜんかいてん》していくものです。この考え方は、科学を否定する考え方ではありません。物は物として正確に観測する必要があります。そして、物と物との相互《そうご》関係をきわめて詳細《しょうさい》に、何の影響も受けることなく正確に計測《けいそく》する必要があるのです。

科学から総合科学へ、そしてホリスティック　健全心身科学へと発展していくのです。

まことの人類の喜びとするヘルシー　イメージングは、心洗われた積極想念《そうねん》とヘルシーライフの実践《じっせん》にあると言うことができるのでしょう。

無限の力を持つ人に

宇宙の真理ということは、宇宙界の神の理《り》、いわゆる神の理《ことわり》と言います。立体、三六〇度の前方《ぜんぽう》において視界が明るいヘルシー　ライフは、スーパーラブという絶大《ぜつだい》な力を自律《じりつ》的に運転することができるのです。

このような、視界の明るい絶対的透明な認識《にんしき》力、そして知覚力は、絶大《ぜつだい》なスーパーラブというエネルギーを自覚し、自律《じりつ》的に運転することによってはじめて発動されて実現されるのです。従って、このような力は神様、観音様《かんのんさま》、大天使が宿る瞳《ひとみ》であるのです。

このような無限の力を持つ瞳《ひとみ》は、壁を破り、雲に大きな穴をあけ、霞《かすみ》を消し、前方《ぜんぽう》を明《めい》快《かい》に見とおすことができるのです。絶大《ぜつだい》なスーパーラブというエネルギーは、いっさいを神の目的の原初《げんしょ》たる方向に生き生きと設定され、営《いとな》まれていくのです。病《やまい》あらば消滅《しょうめつ》し、付き障《さわ》りあらば滅却《めっきゃく》し、閉塞《へいそく》あれば開通《かいつう》されるのです。これが、絶大《ぜつだい》なスーパーラブというエネルギーを受け入れるという根本義《こんぽんぎ》です。

この絶大《ぜつだい》なスーパーラブというエネルギーを受け入れることによって、無限の力が瞳《ひとみ》に宿るのです。無限の力の宿る瞳《ひとみ》は神様の目となり、観音《かんのん》様の目となり、大天使の目となって、視界明るい、広大な天命を成就《じょうじゅ》するのです。

ビジネスの商業法則

我々のビジネスが確立されるための知識、絶対的な成功を成就《じょうじゅ》させるためにはどのようなベイシックな発想が必要であるかということを検証《けんしょう》してみることにしましょう。

ビジネスの商業法則では、三つの要件がベイシックにおいて確立されていなければなりません。その一つは、水道のごとく利便《りべん》性があるということ。その二つは、快適で安全性があるということ。その三つは、品質において優良かつ堅固《けんご》なものであるということです。

この三つの法則は、主に製造産業において最もよく利用されるパターンです。

サービス産業に関しては、製造産業のパターンに加えて、さらに三つの要素が必要となります。その一つめは、顧客《こきゃく》満足の確保。二つめは、総合的適切なサービス。三つめは、立地上の集客性の確保、ということです。

経営の複雑性から言うと、製造産業よりもサービス産業の方がより複雑性が加味《かみ》された商業法則が存在すると言えます。いずれにしても、世界的ランキングにのぼるビジネスの世界にあっては、まことに快適で安全なサービスを提供しながら適正な利潤《りじゅん》を得ることができるという、ベイシックな発想は何であるかという核心《かくしん》を捉《とら》えておかなければならないということです。

その世界的ランキングにのぼるビジネスの核心《かくしん》とは、いったい何でしょうか。

それは、物理的な堅固《けんご》さや、感覚的な快適さ、ボディにフィットする人間工学から考案された豊かさ、そういったことが必要でしょう。しかしながら、そのようなことだけでビジネスの核心《かくしん》が言い当てられるでしょうか。もちろん、サービスにおける口頭上《こうとうじょう》の、やさしい、そして親切な対応、こういったことも当然必要でしょう。心理学に基《もと》づく基本的なマニュアル、このようなことも必要でしょう。

しかしながら、まだまだ核心《かくしん》には触れておりません。それは、欲望や利益追求だけでは叶《かな》わない何かが、そこに確かに存在するからです。天女《てんにょ》は羽衣《はごろも》がなければ空を飛べません。ここで求められている核心《かくしん》とは、天女《てんにょ》の羽衣《はごろも》のごとくです。

それでは、羽衣《はごろも》とはいったい何でしょうか。そうです。それは、すでにあなたが承知《しょうち》していることです。理解できていますね。大きな声で言いましょう。誠意とスーパーラブである、と。最高のサービス、最高の商品には、誠意とスーパーラブがその核心《かくしん》にキラリと光って存在しているのです。そして、これを「ほんもの」と言うのです。

太陽を従えて

我々人類は、銀河の太陽ラインによって生かされています。すでにお話ししました通り、銀河の中心に輝くセントラル　サンからの強いスーパーラブという波動エネルギーが、私たちの太陽に無限的に届けられています。そして太陽は、そのエネルギーを強く人類とこの地球に惜《お》しみなく放《はな》っているのです。従って、そのエネルギーの光はこのように活《い》かされるのです。

太陽の発する陽光を受けることによって、いっさいの生物が生存し続けることができるのです。太陽は生命の源《みなもと》と言うことができるでしょう。精神と肉体の健全な維持《いじ》、発育においても、この太陽は必須《ひっす》の存在者であると言えるのです。

太陽はいつも私たちの頭上にあって、燦々《さんさん》と無言のうちに陽光を浴びせ続けていますが、太陽は、我ら人類に有意義な情報を、まさしく無償《むしょう》で無限的に与え続けているのです。

聖なる感激を要望し、肉体のすべてに太陽の光を貫《つらぬ》かせましょう。太陽は日々、常々の友人です。そしてかけがえのない宇宙からの大存在であるのです。銀河のサンシャイン　ラインは、私たち人類に、かけがえのないスーパーラブという、さまざまな有意義な情報を浴びせてくれます。この太陽情報を、私たちは日常生活の中で、あるいはビジネスの中で、強く、正しく、明るく活用していけばよいのです。これを、太陽を従えた超宗教の生活と言うのです。

第二部　明るい未来指向のビジネスマン

強いパワーのビジネスマン

頭の先から足の爪先《つまさき》まで、健全なる肉体が発動され続けてこそ、強いパワーのビジネスが成就《じょうじゅ》されます。しごく当然のことですが、このヘルシー　ライフサイクルというものを、明快《めいかい》にスケジューリングしていくという作業、このような作業を、うまく展開していくということ、これがビジネスマンにとっては特に重要であろうと思われます。

精神的にヘルシーであるのはもちろんのこと、正しい目標に向かって、強気で突破するという強い意志力は、常日頃《つねひごろ》の、このようなヘルシー　ライフサイクルによってもたらされるものです。頭の中にストレスをいっさい存在させない。そして、身体《からだ》の中にストレスをいっさい溜《た》めない。このような自主的な、そして日常的な健康管理を保持《ほじ》するということは、優《すぐ》れたビジネスを成功させ勝利に導《みちび》くための、ビジネスマンの第一歩の義務であろうと思われます。

そこで、強いパワーのビジネスマンはどのようにして正しい方向性を見定めるかという問題に関して少し考えてみましょう。

正しい方向性を見いだすために、ビジネスマンはさまざまなセンサーを働かし、企業あるいはビジネスマンの通常収益《しゅうえき》活動に際《さい》して調査をすることは当然のことです。その最大の要素として、政治的要素、経済的要素、諸国民の感情に関する要素などがあります。これらの三要素はかなり大きなファクターであり、企業やビジネスを実行するに際《さい》して、ある時は追い風となり、またある時は向かい風となって、ビジネスマンたちの前に、あるいは後ろに存在し続けます。

しかしながら、ここでは、強いパワーのビジネスマンに焦点《しょうてん》を当てて考えています。そこで、強いパワーのビジネスマンは、初歩の初歩として、このような政治的、経済的、あるいは諸国民の感情等を当然に把握《はあく》します。しかしながら、決してこれらの大きな要素に左右されてはならないのです。

ここに宇宙の法という、きわめて優《すぐ》れて強い波動《はどう》を、ビジネスマンの頭の中枢《ちゅうすう》に太く光として通さなければならないのです。言葉を変えるなら、いかなる凶事《きょうじ》も未然《みぜん》に大吉の事《じ》案《あん》として変換し、捉《とら》え、この大吉たるビジネスを、速《すみ》やかに、強く実行していくということが、強いパワーのビジネスマンに常に求められているのです。

そのように実行すれば、いかなる政治、いかなる経済、いかなる国民的諸要素、そのようなものにいっさいとらわれることがなく、世界的に優《すぐ》れて強いビジネスを展開させることができるのです。

こうした強いビジネスの展開をなす人こそが、強いパワーのビジネスマンと言えるでしょう。すでにご承知《しょうち》のとおり、この強いパワーのビジネスマンは、その頭脳真ん中《しちゅう》に、宇宙の法というきわめて優《すぐ》れて強い波動《はどう》の光を貫《つらぬ》きとおすことのできる人たちであるということを、ここで確認しておきたいと思います。頭のてっぺんから足の爪先《つまさき》まで、すばらしい宇宙波動《はどう》を受け取ることのできる人物、これはいわゆる宇宙的スーパーラブという波動《はどう》を体得《たいとく》できた人たちであり、そして、ここで言う宇宙の法の真髄《しんずい》を理解した人たちです。

このような人たちを、強いパワーのビジネスマンであると言うことができるのです。もちろん、ヘルシー　ライフサイクルは、健常的に向上化されたスパイラルを描きながら、ビジネスマンの肉体的健康はもちろんのこと、精神、肉体の調和のとれた生活空間から、あらゆるソサエティでのビジネスの成功と勝利を導《みちび》き、そして己《おの》れ一人ではなくビジネスに携《たずさ》わるすべての人たちに成功と勝利をもたらすのです。

このようなホリスティックなヘルシー　ライフサイクルを保持《ほじ》するためには、日常的にヘルシーな考え方、積極的なものの考え方を実践《じっせん》すると同時に、自《みずか》らの心をクリーニングハートされた状態に常に維持《いじ》しているという、小さな日々の努力が必要なのです。

このような考え方、心の洗われた状態ですべてを見つめなおすという作業、この作業は、すべての事柄《ことがら》に関して言えます。こうした作業が完成された時、強いパワーのビジネスマンと言うことができるのです。

自《みずか》らの心を常にきれいにしておくということは、正しく、そして速《すみ》やかに、物事《ものごと》を整えていくためには、すべてをうまく運んでくれる方法であろうと思われます。凶事《きょうじ》を未然《みぜん》に取り除き、大吉に転換し、優《すぐ》れたビジネスに展開していく。このような考えを持つ人は、頭の中にクリーニング　ハートというものの考え方を常に持っているビジネスマンです。

このようなビジネスマンを、強いパワーのビジネスマンと言うのです。

ビジネスの究極《きゅうきょく》

ものの考え方一つで、世界的ランキングのトップ　ビジネスマンになることができます。

もちろん、会社をトップ企業にすることができます。トップ企業というのは、ホリスティックに、総合的に、優秀な企業という意味です。世界ランキングにのぼるトップ　ビジネスマンは、同じく、ホリスティックな、全人格的、優《すぐ》れた経営者ということです。

さて、明るい未来指向のビジネスマンは、世界ランキングの企業を実現し、トップ　ビジネスマンとなることができるのです。どのようにすればそのような成果を得《う》ることができるのでしょうか。

この問題も、二つの観点から考えていけばかなりうまく理解されることができるであろうと思われます。その二つの観点とは、いわゆる人間的側面と、企業的側面の二つに分けて考えることです。

一つめの、人的側面と言いますのは、成功と勝利をもたらす人物というのは、その人格を持たねばならないということです。二つめの、企業的側面ということは、企業の格を保てということに尽《つ》きます。企業の優《すぐ》れた品格は、隅々《すみずみ》までの社風として、広く社会に伝わっていくものです。

では、一つめの人格ということから話を進めていきましょう。

ビジネスマンの人格とは何でしょうか。ただ単に利益を追い求める姿だけがビジネスマンの人格でしょうか。ノーですね。少なくとも、二十一世紀のビジネスマンではありえません。

ビジネスマンの常ながらの精神、それは利益と成功は副産物であるということです。そこに、人格の何たるかが表現されるのです。野獣《やじゅう》の世界のごとく弱肉強食《じゃくにくきょうしょく》の世界は、人格者の取る方法ではありません。なぜなら、人間は象やライオンよりも強いからです。強さの上に、優しさという人格が確立されるのです。

人格者は、ある意味では、福をもたらす神と言うことができるでしょう。なぜなら、物事《ものごと》の多方面にわたる複雑性を、未然《みぜん》に単純明快《めいかい》なる結果として解答し、表現する方法を持っているからです。このような人格者のなすスピーディな判断と説得力は、きわめて優《すぐ》れたものです。まさに福の神と言えましょう。

人格者は、基本的生命を慈《いつく》しみ、はぐくみ、育てようとします。それは、人類的普遍性を持った大いなる愛というものの考え方です。独善的な考え方でもなく、専制的考え方でもありません。それは、人類愛に基《もと》づく、普遍的、恒久《こうきゅう》な考え方に基《もと》づくものです。

人格的ものの考え方のコアにあるものは、言うまでもなく、クリーニング　ハートですが、人間社会の豊かな生活を提供するために、あるいは豊かな社会システムを構築《こうちく》するためのハードとソフトをいかに供給するかという事柄《ことがら》に関して、正しく、強く、輝ける方法を実現していくのです。

では、方法を実現するということは、いかなることを言うのでしょうか。成功への方法を知悉《ちしつ》し実現していくということは、今日《こんにち》までの経営ノウハウと同様ではありますが、ここで言う人格を具《そな》えた方法の実現ということは、おのおのの頭と視界という目の中に、つまらないことではありますが、スーパーラブという波動《はどう》をもって捉《とら》えなおすということです。

速《すみ》やかで無限的なビジネスの供給という諸関係の保持《ほじ》は、通常のビジネスのサクセスにとって必要この上ないことです。このような諸関係を常に維持《いじ》していくということは、ほかならずスーパーラブという考え方を根源的におのおののビジネスマンが把握《はあく》しているということに尽《つ》きるのです。

人格的側面の中心をなすものは、頭の中のクリーニング　ハートという認識《にんしき》をさらに深めるということ、そして、スーパーラブという根源的考え方に基《もと》づいてビジネスを展開していくということであるということが、これで理解できました。

ビジネスの究極《きゅうきょく》は、人格という太い道の上に乗った、あらゆる商品の、そしてあらゆるサービスの売買であると考えることができます。従って、人格の明るい道、人格の正しい道、人格の強い道に、世界的ランキングのあらゆる商品、あらゆるサービスが登場してくるのです。

世界ランキングのビジネスを実現できる

二つめの企業的側面の話を進めていきたいと思います。

企業的人格を表現する言葉として、一般的に「社格《しゃかく》」、会社の社と人格の格ですね、企業的品位を表す言葉として「社格《しゃかく》」という表現が使われます。社格《しゃかく》は、企業の広報活動をもっぱらとすると考えられていますが、ただ単にそのような企業活動だけではありません。社格《しゃかく》とは、創業者《そうぎょうしゃ》の社是《しゃぜ》、社訓《しゃくん》を根本としながら、隅々《すみずみ》まで運営されていく組織力であり、企業哲学であり、モラル水準であるのです。

一般的常識として、付き障《さわ》りのない社風というものは、クリーニング　ハートを根本とし、強く正しく明るく展開される企業のヒューマン　リレーションにあります。大勢《おおぜい》の、そしておのおののビジネスマンが、大なり小なりのヒューマン　リレーションを持って、おのおのの任務《にんむ》に邁進《まいしん》するということが大切です。おのおののビジネスマンが足踏みをそろえて一つの目標に向かって邁進《まいしん》する時、トップ経営者は優《すぐ》れたマニュアルを準備されているかどうか検討《けんとう》する必要があります。

優良な社格《しゃかく》を持つ企業として世界的にランキングされるためには、優良な社風マニュアルが、すべての企業協力者に理解されるのはもちろんのこと、創業者《そうぎょうしゃ》から提示《ていじ》されている社格《しゃかく》の本質も十分理解されていく必要があります。社会人は社格《しゃかく》によってその信用度を測《はか》ることができます。逆に言えば、社格《しゃかく》は、信用力を社会に提示《ていじ》することができると言えましょう。ある意味ではブランド力と称《しょう》してよいのかもしれません。

しかしながら、ブランド力は特定の商品に関する信用であり、企業自身の信用力ではありません。ここで説明されている社格《しゃかく》とは、広く一般に企業信用として通用する世界的基準を言うのです。優良企業には、社格《しゃかく》の一定基準の強い保持《ほじ》が常に求められており、それを保持《ほじ》、育成していくのが企業の上位責任者の任務《にんむ》と言えるのです。

優良企業人は、最低道徳たる法律の上位に立って、法律基準よりもはるかに優《すぐ》れたもろもろのサービスを提供していくという心がけが何よりも大切なのです。

プラスθ《シータ》の波に乗る強気のビジネス

景気には波があります。商品の売れ筋にも波があります。世情の趣好にも波があります。世情の趣好《しゅこう》とは、「世の情け」と書いて世情と言います。趣好《しゅこう》とは、趣味の「趣」、すなわち好むところを意味します。その意味では、世情の趣好《しゅこう》とは、その時代その時代、あるいは一五年単位の、世の動きに応じるところのファッション性と言えるのかもしれません。おそらくそのファッション性は、歌謡、音楽の世界にも、時を同じくして社会に反映しているのでしょう。簡単に言えば、景気、商品、ファッション、この三つの流れを十分に捉《とら》えるということです。

ワールドワイドの高い波に乗る企業は、中小企業に大いに存在します。なぜなら、中小企業のトップ経営層は、俊敏《しゅんびん》に、景気、商品、ファッションを、企業成長順応《じゅんのう》スタイルとして取得し、生物的メカニカルなθ《シータ》波《は》（人間の吉祥《きっしょう》的頭中《とうちゅう》の微弱《びじゃく》電気パルス）パワーとして勝利全開展《ぜんかいてん》していくからです。

気転《きてん》のきく大企業は、そのようなきわめて即時代的な新進の中小企業とパートナーシップの提携《ていけい》をなし、大企業のゆるやかな動きを軌道《きどう》修正していくことに成功しています。波に乗るという商業的方法は、機関投資家だけのビジネスではありません。ワールドワイドなほんものの企業成長力、プラスθ《シータ》が必要なのです。プラスα《アルファ》は、積極的ポジティブな発想としてのアクセルの働きをします。そうであれば、プラスθ《シータ》とは、いったい何でしょうか。

それは、時代が求める波の動きです。では、二十一世紀の時代が求める波の動きとは、いったい何でしょうか。

一つは、生物界の根底《こんてい》的クリーニング　ハートです。クリーニング　ハートは人類だけの問題ではありません。あらゆる生物界に波及《はきゅう》する徹底的な悟《さと》りです。これは、生物界の想念《そうねん》を大善開展《ぜんかいてん》させるということにあります。生物界の正しい想念《そうねん》は、クリーニング　ハートに帰結《きけつ》するのです。

ビジネスマンは、あらゆる生物界の、人類に直接害をなさない生き物たちの生存を保護していくというビジネス　スタイルを構築《こうちく》していくことが重要です。大自然の生物たちと、人類に害を及ぼさない生き物たちと共存していくビジネスの術《すべ》を確立しなければなりません。これが真の意味での「エコロジー」という言葉に該当《がいとう》するのではないでしょうか。

もちろん、これは無公害、無農薬を意味する言葉でもあります。今日《こんにち》、無公害にする工業水準レベルは十分に存在し、また無農薬にするバイオ　テクノロジー水準は十分に存在しています。それらのハイレベル水準を量産化し、コストダウンを計《はか》ることによってワールドワイドなスーパー　ビジネスとして展開することが、今日《こんにち》のビジネスマンに求められているのです。

二つめは、人間の幸福創造に参加できるビジネスです。これをハッピー　クリエイチャー　ビジネスと称《しょう》しましょう。ご承知《しょうち》のように、神業《かみわざ》の奇跡が現実に日々行われることを、ビジネスとは言いません。我々の世界が観音《かんのん》様の世界や神世の世界、超如来《ちょうにょらい》様の世界へと現実的に進化して、成りなりて、具現《ぐげん》していくためには、その重要なプロセスとして、大いなるビジネスマンの労働が必要になってくるのです。

ビジネスマンには、ある意味では重要なプロセスのリーダーとしての役割があります。観音《かんのん》様の世界にたどり着くためには、大きな波を渡らねばなりません。この大きな波が、我々現実世界の大きな波となって出現してくるのです。これには高度な精神的な波があり、そして高度な物質・科学的な波があるのです。

このように、観音《かんのん》様の世界に近づくための大きな波のうねりは、幾重《いくえ》にも幾重《いくえ》にも続いています。この大きな波のうねりに、いかにしてうまく乗っていくか、これが我々ビジネスマンに与えられた課題であり、未来市場分析《ぶんせき》という明るい手法によって導《みちび》き出される繁《はん》栄《えい》のためのテーマです。

このテーマは、あらゆる業界に存在しています。このテーマを見つけ、大いなる波のうねりの上に立って、世界的ビジネスを成功と勝利へと導《みちび》いていくのがビジネスマンの仕事なのです。逆に言えば、この観音様《かんのんさま》への大いなる導《みちび》きによって、この大きな波のうねりに乗るという視点を確かに持って事業を行うビジネスマンは、必ずや成功と勝利の結果を得ることができるのであるという、無限の神様からの流れがあるということに気づくことです。ハッピー　クリエイチャー　ビジネスとは、このような方向と方針によってうち立てられるものであると考えられるのです。

クリーニング　ハートを確立した、真《まこと》の人類は、銀河の世界に向かってハッピー　クリエイチャー　ビジネスを進展していきましょう。二十一世紀のクリーニング　ハートという課題を卒業した真《まこと》の人類は、堂々と、銀河世界の一員として、すばらしい、立派なハッピー　クリエイチャー　ビジネスを成就《じょうじゅ》することができるのです。

輪転機《りんてんき》をフル　スロットルで回転させよう

ほんものの時代です。ほんもののハッピーな実感は無限です。ほんものの考え方、ほんもののシステム、ほんもののマニュアル、ほんものの商品、ほんもののサービス事業、いわゆるほんもののビジネスの中にあって、あらゆる物事《ものごと》が展開されています。

ほんものはいかにすばらしいか。ほんものはいかに感動的か。ほんものはいかに再生具現《ぐげん》されることが可能であるか。成功の秘訣《ひけつ》はほんものの拡大再生産にあります。ほんものを輪転機《りんてんき》にかけ、最大幸福という拡大再生産にアクセルを稼働《かどう》させましょう。ほんものの拡大再生産の量的目処《めど》は、調和達成度が完成された時であると言えるのです。

二十一世紀の世界経済社会は、プロセス成長の経済と言うことができるでしょう。プロセス成長の経済とは、ゆるやかなインフレーションが大きな合目的《ごうもく》上の大きなうねりとなって発展する世界です。スーパーラブとクリーニング　ハートによって守られた明るい地球文明の社会は、このようなゆるやかなインフレーションによって合目的《ごうもく》に発展し続けていくでしょう。

ここで言うゆるやかなインフレーション経済とは、二〜三%のインフレーション率がゆるやかに継続《けいぞく》する経済社会を言います。デフレーションに陥《おちい》っている経済社会では、速《すみ》やかにゆるやかなインフレーションに転向するような、根源的、中央銀行発動による経済政策を実行しなければなりません。

家計と国家経済の視点は、このようなところが異なります。節約するだけでは国家経済は回転しません。思い切った減税、短期的見返りを求めない、教育事業への絶大《ぜつだい》な投資、国策ＩＴ事業、国策ジェット推進《すいしん》機関、国策安全ロボット化事業等への国家からの絶大《ぜつだい》な投資が必要とされます。近代国家成長への逆行ではないかと批判《ひはん》されるむきもあるかもしれませんが、これは徹底的なデフレ対策の一環として遂行《すいこう》されるべきでしょう。

国家行政機関にまつわる無駄《むだ》な国費の支出はきわめてスリム化され、完全な民営化に移行されるのも、当然の近代化への流れでしょう。国家経済の成長は、スリム化すべきところは徹底して節約、そして国家百年に勝利する成長事業へは絶大《ぜつだい》な投資、このような柔軟《じゅうなん》にしてメリハリのある国家政策を樹立《じゅりつ》しなければなりません。

スリム化と絶大《ぜつだい》な投資の実行によって、明るい、輝かしい国家が繁栄《はんえい》するのです。このような明るい方針による強力な施策《しさく》によってこそ、健全な国民性を養い、世界の優《すぐ》れたリーダーとしての役割を十分に果たせるオリエント　オピニオン　リーダーになれるのです。世界の尊敬は、平和なる静かな実力にこそ向けられます。このような施策《しさく》によりデフレーションから脱却《だっきゃく》した国家は、ゆるやかなインフレーションへと向かい、二～三％のインフレーションを持続しながら、大いなる波のうねりに、長期スパンの視野に立って、ゆるやかに経済成長を続けていくことができます。

もちろん、ハイパー　インフレーションに陥《おちい》らないように、十分な金利調整、資金の流動量を調和調節しなければならないことは言うまでもありません。国家国民経済の安定と成長、そして繁栄《はんえい》のためには、中央銀行のメンツを捨てる必要があります。世界経済の安定、発展のためにも、このような資金量の量的拡大を、国策という有機的政策によって強力に実行していく必要があります。中央銀行の中立性は、デフレとハイパー　インフレを防止するための担保《たんぽ》であり、それ以上の何ものでもありません。国家信用の一翼《いちよく》を担《にな》う中央銀行は、その使命と責任を、国民経済の安定と幸福の発展という基準に基《もと》づいて、十分に果たす必要があるのです。

ダイナマイト式スマイル　ビジネス

ダイナマイト式スマイル　ビジネスとは、次のようなことを言います。

それは、国家的繁栄《はんえい》に基《もと》づく企業連合の発展的目標を、政府や行政に頼ることなく、ビジネスマン自《みずか》らが構築《こうちく》し、考え出していこうとすることです。

我々ビジネスマンには、国家機関にまさる人員数と組織力、そして研究と知識の集積力があります。ビジネスマンは自信を持って目標を策定し、国家的繁栄《はんえい》の目標を策定することができるのです。このような場合、ビジネスマンからは、政府は、小さな政府と言われることになります。ビジネスマンの世界からの自律《じりつ》的、自発的、能動的な国策としての利益のあり方を構築《こうちく》し、考えていくということは、明るい未来を設計する上で必要不可欠です。もちろん、平和政策、平和事業、平和的いっさいの機動機関を構築《こうちく》するビジネスマンの企業行動ではありますが、国家的利益と一体となって、ビジネスマンが連合し、行動する。このような動きを、ダイナマイト式スマイル　ビジネスと言います。

二十一世紀は、オリエントからダイナマイト式スマイル　ビジネスを悠々《ゆうゆう》、堂々と実現していきましょう。ビジネスマンのスマイル　ビジネスには、近未来のニーズを予見《よけん》する力があります。多くの企業の連合体がその力を結集《けっしゅう》し、そして企業経営者層の大連合による一大プロジェクトを希求《ききゅう》するならば、それらの結果は偉大な功績《こうせき》を残すことができるのです。そしてそのスタイルは、未来開発へと連続されていくのです。

それは、ダイナマイト式スマイル　ビジネスというアイディアと、企業の連合としてのアイデンティティーがあるからにほかなりません。ゆえに、ダイナマイト式スマイル　ビジネスはビジネスマンの静かな自信となって現れているのです。

オリエントのビジネスマンよ、自信を持って立ち上がれ。そうすれば、嬉《うれ》しさに満つる、役に立つ、役に立ち続ける、そして役目の勤労が実ったすばらしい世界の実現が、子孫代々に受け継がれていくことでしょう。

ところで、ここで言うダイナマイトとは、企業の利益追求の方向と、国策利益のあり方を定める方針と、そして明るい未来ビジネスの大きな波という方向性のことです。この三つの方向性が一致《いっち》した時に、ここで言われているダイナマイト式スマイル　ビジネスの絶《ぜっ》大《だい》な爆発力が自《おの》ずと発動するのです。

こうした点を理解してビジネスを展開していけば、中小企業はもちろんのこと、大企業のゆるやかな方向転換性においても、優《すぐ》れた事業集積、企業連合の絶大《ぜつだい》な力となって世界ビジネスを強力に牽引《けんいん》する絶大《ぜつだい》な力がオリエントから湧《わ》き出《い》づることでしょう。

一大プロジェクト設定に従う大企業連合は、パスワード一つで参加企業すべての基礎データをパソコン等にて閲覧《えつらん》することができ、創造性をはるかに拡大することができるのは言《げん》を俟《ま》たない。しかしながら、明瞭《めいりょう》なことは、全参加企業の参加者は、皆《みな》、多様《たよう》な個性と特異《とくい》な才能を持ち、そのようなパーソナリティは厳格《げんかく》に尊重《そんちょう》されるのであり、天則《てんそく》に下《もと》づくプライバシーは厳格《げんかく》に防衛《ぼうえい》されるのです。

山河《さんが》は死すれど、神我《しんが》は死なない

ビジネスマンは、無味乾燥《むみかんそう》なロボットであってはなりません。与えられた任務《にんむ》を忠実に果たすということはとても大切なことではありますが、それは必要条件であって十分条件ではないのです。

精密な歯車の役を果たし、その上に立って人生観、ビジネス観をうち立てることが必要です。山脈、河川《かせん》を達観《たっかん》し、神我《しんが》の何たるかを思う時、ビジネスマンの生き甲斐《がい》を全身に感ずることができます。神我《しんが》とは神の我《われ》です。山河《さんが》は死すれども神我《しんが》は死なない。長期のスパンで眺《なが》めれば天地の変動は世の常です。されど、神我《しんが》は常に一定で不変です。ゆえに神我《しんが》は死なないのです。これはいったい何を意味するのでしょう。

精神世界を深く探求《たんきゅう》すれば、必ず神我《しんが》という存在に行き着くはずです。神我《しんが》は我であって我でない、すなわち、究極《きゅうきょく》の神の意識に属する「我」が、そこに光明《こうみょう》となって光り輝き存在しているのです。山河《さんが》は、一見不変のごとく、悠久《ゆうきゅう》に存在するかに見えますが、永《と》久《わ》に不変なる存在物でないことは、地理学の教科書に示すとおりです。造山活動があり、火山現象があり、大地殻《ちかく》変動もあります。一見、安定的と見える山河《さんが》でさえ、そのように不変ではないのです。

しかし、神我は変わることはありません。常に一定にそれらの現象を眺《なが》めていることができるのです。神我《しんが》は惑星の生誕から、最後の爆発に至るまで見届けることができるのです。

山河《さんが》は死すれど神我《しんが》は死なない。これをどのように私たちのビジネス世界において、教《きょう》訓《くん》として生かしていくべきでしょうか。

企業には理念があります。その理念の中核を電気エネルギーのごとく流れるのが、この神我《しんが》によるものの考え方です。ゆえに、神我《しんが》によって優《すぐ》れた経営理念を確立した企業は、優《すぐ》れた業績を上げているのです。

この企業理念が、実際のビジネスに、いろいろなプロセスを介しながら作用しているということを観察することができます。神我《しんが》によって確立された理念は、あらゆる業務の、どのような部門の言動にあっても存在し、その精神が生かされているのです。そこに企業と、企業の実行能力の力としての差が生じてくるのです。ビジネスマンは、柔軟《じゅうなん》な判断力と強い神我によって事業の完遂《かんすい》に当たり、成功へと導《みちび》くことができるのです。

勝利の女神《めがみ》は、小手先《こてさき》の利益に応じることではなく、根本的本質の絶対的なる発現《はつげん》に、大宇宙の方向性と一致《いっち》した人々に偉大なる勝利を与えるのです。山河《さんが》は死すれど神我《しんが》は死なないのです。

ホームラン連打《れんだ》の喝采《かっさい》

あなたは、満場《まんじょう》の来客が喝采《かっさい》している歓声《かんせい》が聞こえますか。轟音《ごうおん》に圧倒《あっとう》されんばかりの喜びに満ちた感動の声が聞こえますか。

ホームランは連打《れんだ》されたのです。今は都会のハイシーズンです。それはプロセスの中で成功するのです。畑を間違えてはいけません。ホームランは適確《てきかく》に連打《れんだ》できるのです。そしてそれは、連打《れんだ》され続けます。

ホームランを打ちなさい。もっとホームランを打ちなさい。あなたはホームランを打つことができるのです。そしてみごとに場外ホームランを放ったのです。それは自力《じりき》で放ったのです。それは実力により、みごとな花を咲かせたのです。

必勝の商運は目の前にあります。売れ筋の商品はすでに手中《しゅちゅう》にあります。手中《しゅちゅう》にあるホームランは何であるかを、あなたは知っているのです。

手中《しゅちゅう》に握《にぎ》ったホームランを、手のひらを広げてそっと眺《なが》めてみましょう。ホームランは微笑《ほほえ》んで、あなたに語りかけ続けています。手のひらにはホームランという大木が生えているのです。ホームランという大木は、あなたの手のひらの中で生きているのです。そのホームランという大木の道筋《みちすじ》を、あなたは読めばよいのです。正夢《まさゆめ》は絶対に叶《かな》うのです。ホームランという正夢《まさゆめ》は、すでに叶《かな》おうとしてあなたの手中《しゅちゅう》に存在しているのです。だから何の心配もいらないのです。積極的未来指向は、正夢《まさゆめ》のごとく、ビジネスの花を咲かせるのです。そしてその果実は、大きく会社に、諸個人に還元《かんげん》されていくのです。

ためらわず、一気に、もっとホームランを打ちましょう。世界中にホームランを打ちましょう。笑いながら、微笑《ほほえ》みを添えて、もっとホームランを打ちましょう。トップ営業マンになるのです。自《みずか》らのホームランの大木を手中《しゅちゅう》に握《にぎ》る法を持ったならば、トップ営業マンになれるのです。

それでは、おもしろく、勝《すぐ》れて見えるホームランの大木とは、どのような木でしょうか。明るいビジネスをなすためには、そのようなホームランの木を、優《すぐ》れて観察しておかなければなりません。宇宙文明にさしかかる今日、技術力を眠らせておいてはいけないのです。安全装置付きの家庭用ロボット開発はもちろんのこと、音声稼働《かどう》印字装置、書籍代読《だいどく》装置、その他いろいろ、明るい未来指向の商品は無限にあります。

ホームランの木は、次のように語っているように思えます。

それは、多機能の、勝《すぐ》れた性能であるにもかかわらず、操作がきわめて単純で、操作ボタンの数が少なく、太い指先の人でも押し間違えることがなく、確実に一つ一つの操作が安心、安全に作動《さどう》することができて、確実に理解できること。操作間違いによって機能に支障《ししょう》を来たさないシステムであること。現状回復がスピーディになされること。堅固《けんご》で耐《たい》久力《きゅうりょく》があること。ダイナショック装置が施《ほどこ》されていること。商品自体に危険がないこと。

商品が、プロ用、マニア用、家庭用と、三段階に勝《すぐ》れて用意されていること。

さて、ホームランの大木はいろいろなことを語りかけてくれます。手中《しゅちゅう》にあるホームランの大木は、住宅からこのように語っているように聞こえます。それは、一戸建てであっても、高級マンションであっても、泡風呂装置付きのお風呂を立派に備えてくれてありがとう、デラックスな洗面台を二つ設置してくれてありがとう、ウォシュレットを二つ付けてくれてありがとう、間取りの壁をRCにしてくれてありがとう、玄関口に防犯装置を付けてくれてありがとう、大きなリビングにホームシアター装置を設置してくれてありがとう。…ホームランのいろいろな声が聞こえてきます。豊かな社会を築くためにも、もっともっとホームランを打ちましょう。

ヤングパワーで駆《か》け抜けよう

明るい未来指向の定石《じょうせき》というビジネスは、ヤングパワーを待っています。この定石《じょうせき》のフル回転に、ヤングパワーを大いに活用しましょう。ヤングパワーは毎年導入すべきです。企業は常にヤングパワーで、健全に活性化させていかねばなりません。

未来指向の定石《じょうせき》というビジネスは、ヤングパワーによって拡大再生産させることができます。未来指向の定石《じょうせき》は、企画力、営業力、商品開発力、市場調査力、成功立案相談力(これは外部委託《いたく》コンサルティーションに属する事柄《ことがら》ですが)、企業の全般的総合力においてヤングパワーが発揮《はっき》されていかなければなりません。企業の指導部においては、経験豊かな長老が存在するということは、まことにめでたいことです。そのような長老はヤングパワーを十分理解し、活用される術《すべ》を持っています。適材適所、社会への奉仕《ほうし》理念はもちろんのこと、成功への闘志という炎を燃やし続けている様《さま》にこそ、神の祝福が存在するのです。

ヤングパワーは、とどこおりなく流入させていかなければなりません。企業は善開展《ぜんかいてん》し、存続し続けていかなければならないのです。輝ける未来と今日《こんにち》のために、過去の手堅《てがた》い業績をフル活用し、二十一世紀を創造していかなければなりません。今日《こんにち》、誰もが安心してジャンボジェット機に乗り、自由に海外旅行ができるが如《ごと》く、安心して銀河旅行が楽しめる光明《こうみょう》の宇宙文明を私たちは築いていけるのです。

世界平和、宇宙平和

今日《こんにち》、世界の平和は当然のごとく考えられていますが、宇宙の平和を私たち人類は考えたことがあるでしょうか。二十一世紀の人類は、宇宙の平和という考え方を持つ必要がないのでしょうか。私たちの銀河旅行は、時間の問題となっているのです。

でも、急ぐ必要はありません。ゆっくりと、着実に、この問題を考えていけばよいのです。私たち人類が宇宙文明に旅立つ時、宇宙平和はすでに確実に存在しなければならないのです。宇宙の平和はサイエンス　フィクションだと言って笑い飛ばすことができるでしょうか。二十一世紀は宇宙文明へと繋《つな》がる世紀です。

ところで、私たちの足元は世界の平和です。この足元をしっかりと固《かた》めましょう。平和に貢献《こうけん》できるビジネスこそ、最もすばらしいビジネスです。世界の平和を祈る前に、私たちの心がすでにクリーニング　ハートされたかどうかを、常に検証《けんしょう》しなければなりません。人類はクリーニング　ハートされた奇跡を前にして、世界の平和を祈ることができるのです。

世界ランキングのトップにのぼる企業は、世界の平和へワールドワイドな貢献《こうけん》をし、成果を得ることができるのです。地域、諸国家の経済的安定を図《はか》りながら、グローバルなワールドワイド　ビジネスへ向かって、平和的事業を推進《すいしん》することは重要な働きがあると言えるのです。

公害防止装置と無農薬バイオ　テクノロジー

無公害焼却炉《しょうきゃくろ》型発電装置、風力発電装置、太陽光線発電装置などは、世界の平和に役立つビジネスです。世界から飢餓《きが》をなくし、疾病《しっぺい》をなくし、災害をなくすということは、世界の平和に貢献《こうけん》する大きな大道《たいどう》です。世界のいたるところに、勝《すぐ》れたインフラが整備され、電気、ガスが十分に配給されている。食べものは十分に生産され、配給されている。疾病《しっぺい》はなく、穏《おだ》やかな健康が保全されている。

このような様《さま》は、世界平和の具現《ぐげん》を、無言のうちに語っているのです。このような世界平和を創造していくのがビジネスマンの使命であり、活躍の場が世界中に与えられているのです。

今後の世界平和は、国際連合が中心的役割を果たしていくでしょう。世界平和は、主《おも》に外交政策や諸国家間の外交官によって形づくられていくのですが、その実態は経済交流であり、人物の交流です。明るい未来指向のビジネスマンは、このような経済交流や人物交流にすばらしい視点を向け、相互《そうご》利益と経済成長に向けて国際的偉業をなしていくことができます。このようなすばらしい理念の実現こそが、企業の利益と結びつき、企業内の優《すぐ》れた人材を有効に活躍させることが可能なのです。武器生産消費型国家経済を脱却《だっきゃく》し、世界平和維持《いじ》再生産型世界経済を構築《こうちく》していかなければなりません。

全身全霊のビジネスマン

明るい未来を築いていく今日のビジネスマンは、真心《まごころ》のどこかに、大神様への信仰が宿っています。だからこそ、全身全霊でのビジネスが可能となるのです。

全身全霊のビジネスでは、ビジネスマンの一挙手一投足《いっきょしゅいっとうそく》に余裕があり、ゆとりがあり、自信にみなぎっています。だからこそ、今日までの試行錯誤《しこうさくご》の多くの経験を、基礎の深い大成功へと導《みちび》くことが可能なのです。

経営と信仰は、微妙《びみょう》に調和し、ある一点をもって結合しています。そこに偉大な信念が生まれ、緩《ゆる》むことのない情熱がかもし出され続けます。全身全霊へと向かうビジネスには大神様の加護《かご》があり、必ずそこに大義《たいぎ》があります。大義《たいぎ》のあるビジネスには何の恐れもありません。力強い、太い道が、前途《ぜんと》に洋々とひらけているのです。その太き道をのぼりつめていきますと、必ずそこに太陽の陽《ひ》が燦々《さんさん》と輝き、さらに遠くへと道を導《みちび》いてくれます。そうやって、ビジネスマンは全身全霊をもってそのビジネスに力強く邁進《まいしん》することができるのです。

どのような職業でも、どのような職務でもかまいません。いかなるビジネスも、全身全霊で取り組む時、すべてが喜びと楽しみに転換します。全身全霊の崇高《すうこう》さは、その真心《まごころ》においていっさいの濁《にご》りがありません。いっさいの迷いもありません。いっさいの疑いもありません。いっさいの危惧《きぐ》もありません。いっさいの心配もありません。悠々自適《ゆうゆうじてき》、すべてが速《すみ》やかに、とどこおりなく、めでたく遂行《すいこう》されるのです。

心洗われた強いエネルギーは、全身全霊となって流れゆき、強い真心《まごころ》の鼓動《こどう》が無限に続くのです。ビジネスの完成は、強い、大きな愛であることが、具体的に理解できるのです。いかなるビジネスも、形となって具体的に現実化するのです。

喜びと楽しみを産出するビジネスは、宇宙文明を担《にな》う強い使命を帯《お》びてくるでしょう。我々の地球は小さなものになりました。銀河ははるかに遠いけれども、手の届く宇宙文明が二十一世紀に手に入りつつあります。世界平和、宇宙平和をしっかりと手中《しゅちゅう》に握《にぎ》り、大宇宙の海原《うなばら》で大きく柏手《かしわで》を打つ時が来たのです。

全身全霊で宇宙文明を築いていきましょう。心洗われし宇宙文明は、喜びに満ち、楽しみに満ち、大愛《だいあい》に満ち満ちています。無限の強い真心《まごころ》という鼓動《こどう》は、私たちの知らぬうちに、たゆみなく打ち続けているのです。私たちはこの事実に感謝し、強く、正しく、明るく、健全生活を、自然に調和し、営んでいくことができるのです。

全身全霊でビジネスをなす前に、我らビジネスマンは、ゆったりとしたモーニングティーを取りましょう。さわやかな朝日という太陽の光を浴びながらゆとりのあるカフェタイムを取り、一日の動向をゆっくりと真心《まごころ》の中で眺《なが》め回すことが、勝利の起因《きいん》とすることになります。静かなひと時を、軽快な音楽を聴きながら、自由自在な、気楽な面持《おもも》ちを楽しむのです。

よく見える、一番めの手がかりから、全身全霊のビジネスをはじめましょう。

世界中の仲間たち

よい友人は世界中に存在します。孤独《こどく》ではありません。

一流のビジネスをめざしましょう。欲望を後回《あとまわ》しにして、人類の真なる進歩と宇宙文明の成就《じょうじゅ》のために、ビジネスマンはよい仕事をしましょう。手伝ってくれる友人は世界中に存在しているのです。よい仕事のために、世界中の友人が一致《いっち》協力して、大義《たいぎ》という目的のために協力し合うことはすばらしいことです。

むずかしい仕事にあたっても、孤独《こどく》ではないのです。友人の輪を広げ、難問に立ち向かい、必ず解決することができるのです。広がりのある友人の輪を提供することができます。喜びに満ちた、楽しさにあふれた友達の輪に参加してください。孤独《こどく》感から救済されるでしょう。神の光が、心洗われしすべての人たちにたゆみなく注がれていることを、確かに、しっかりと自覚することができるでしょう。神のもとに、光あふれる、嬉《うれ》し嬉《うれ》しいビッグファミリーがそこにあるのだと気づくことでしょう。

友人と情報交換をし、おのおのの情報に下《もと》づく軌道《きどう》修正をしましょう。ビジネスの世界においても、情報の確認と修正は絶えず求められるものです。組織の中の人間のみならず、組織外の多くの友人の話を聞き、互いに、情報交換というコミュニケーションを図《はか》りましょう。すべてが正しい方向へと収斂《しゅうれん》されるよう、努力していくことが大切です。

チャンスは無限である

宇宙の法を理解する人は、すでにチャンスは無限に存在するということを知悉《ちしつ》している人です。チャンスは、通りすがりの無愛想《ぶあいそう》で失礼な臭跡《しゅうせき》ではありません。ほんもののチャンスというものを深く眺《なが》めてみましょう。

絶対に負けない信念は、スーパーなタイムに、強く強く根ざしています。無限のチャンスは見せかけのものではないのです。ほんもののチャンスは無限にあります。スマイルと自律《じりつ》心を称《たた》える祝いの言葉となって、目の前に強く現れてくるのです。

チャンスの視界は、強く、前方《ぜんぽう》へと、明るく明るく開かれていきます。見たことのないオール　カラーというすばらしい現実の映像は、魂磨《たましいみが》きの大幸運となって己《おのれ》自身に具現《ぐげん》するのです。注意深く、この世の要請《ようせい》という正しい目標に向かって、力強く歩みはじめましょう。

そのような心洗われた真心《まごころ》の強い意志は、必ず勝利し、明るい前方《ぜんぽう》が強く強く開かれていきます。必ず勝利する明るい前方《ぜんぽう》には、目的の正しい成就《じょうじゅ》と喜びが待っています。切り開かれた前方《ぜんぽう》の明るいドアを、自《みずか》らの手で力強く開けてみましょう。望むチャンスは、そのドアの向こうに十分な態勢で待ち受けているのです。

日々の力強い、正しく明るい歩みという集積には、望まなくとも、十分なる強いチャンスという味方が、どこにでも待ち受けています。チャンスは無限に存在するということは、まさにそのことを言い当てているのです。

焦《あせ》る必要はありません。心を静める必要もありません。いわんや、希望を唱《とな》えるという消極的な心であっては、断じていけません。強い真心《まごころ》がしっかりと強くチャンスを掴《つか》むのです。

ビジネスのポジティブ　チャンス

ビジネスのポジティブ　チャンスという考え方を研究してみましょう。ビジネスのポジ後に時間的集積によるチャンスという三つの大きな考え方があります。

最初の量的・質的拡大によるポジティブ　ビジネス　チャンスとは、時代の要請《ようせい》、消費の要請《ようせい》に応《こた》える物品ないしサービスの、有意義な、量的・質的拡大です。もちろん、需要《じゅよう》に応ずる生産、そして再生産の、生産システムによる収益《しゅうえき》構造の確立ですが、ワールドワイドの市場においてトップ生産を維持《いじ》する製品内容ないしサービス内容というものが、未来指向的要素において明るい十分な耐久力《たいきゅうりょく》と手軽な利便《りべん》性を持ち、さらに簡便《かんべん》でなお高性能な再現力を持っていなければなりません。

二十一世紀にあっては、あらゆる生産物はエコロジーに合目的《ごうもく》であらねばなりません。あらゆる生産物は、健康と、地球の生体維持《いじ》によい影響を与えるものでなければならないのです。これは、もろもろの製造物の豪華《ごうか》性や感覚的満足性を省略《しょうりゃく》させるということではありません。需要《じゅよう》価格帯設定において、豪華《ごうか》性や十分な快適性を維持《いじ》し、多様《たよう》な要求に十分応《こた》えられるような製造物であると同時に、エコロジーを満足させていかなければならないというのが、今日の、二十一世紀における生産を行う企業の本質的経営姿勢であるということです。見せかけの利便《りべん》性を追求する時代では決してないというシビアな認識《にんしき》が、二十一世紀のあらゆる企業に求められているのです。

変革《へんかく》というポジティブ　チャンス

変革《へんかく》というポジティブなビジネス　チャンスとはどのようなことでしょうか。

それは、エコロジーな時代に応じて、要求される事業をめでたい生産物に変革《へんかく》させていくということです。めでたい生産物への変革《へんかく》が、いわゆるポジティブ　ビジネス　チャンスとなって、あらゆる企業体に要求されてくるのです。これは新たなビジネス　チャンスであり、成熟《せいじゅく》した研究開発の具体的な社会性への応用と言えるでしょう。

このような変革《へんかく》は、衣食住のみならず、やがてあらゆる業種へと入ってくるでしょう。この変革《へんかく》に早く気づき、応用具現《ぐげん》化する時に、ポジティブ　ビジネス　チャンスが強く発生するのです。もちろん、このような変革《へんかく》は二十一世紀において拡大生産と同じく健康的であり、地球生態《せいたい》系において優良な影響を与えるものでなければなりません。人類と地球の生態《せいたい》においてきわめて優良な変革《へんかく》が、強く求められているのです。

時間集積によるポジティブ　チャンス

最後に、時間的集積によるポジティブ　ビジネス　チャンスとはどのようなことでしょうか。

私たち人類は、瞬間、瞬間の時間を生き、その瞬間、瞬間の時間の集積によって生活の様式《ようしき》を確立させています。心洗われたまことの人間長寿社会にあっては、時間の集積によるポジティブ　ビジネス　チャンスは喜びに満ちた、楽しみに満ちた、嬉《うれ》しい大愛《だいあい》の、ゆとりのある時空間を与えてくれるでしょう。ポジティブな時間的集積によるビジネス　チャンスの固定と集積は、自由自在な、生きた様式《ようしき》を与えてくれるのです。このような無限のチャンスをワールドワイドに稼働《かどう》させることができるのです。

明《みょう》保《ほ》大透視力《だいとうしりょく》の先見神通力《せんけんじんつうりき》

明《みょう》保《ほ》大透視力《だいとうしりょく》とは、明るさを保《たも》ち、大きく透視《とうし》をなすことです。これは、明るさを保《たも》つがゆえに大きくすべてを見通せるという意味に解《かい》します。

大透視力《だいとうしりょく》とは、この世、あの世の三千世界をすべて透明に見通す視力を持っているということです。いわゆる過去はもちろんのこと、現在、そして特に未来を十二分に見まわし、将来を見極《みきわ》めることがきわめて優良で正確に見通せるという意味で、先見神通力《せんけんじんつうりき》と言っているのです。

このような先見神通力《せんけんじんつうりき》を持つ神業《かみわざ》に近い能力は、明《みょう》という明らかなる存在を保《たも》つがゆえに、人間の世界において与えられる特権です。このように近接《きんせつ》未来、そして遠き未来を見渡すことのできる、そして正しく将来を自覚できるという能力は、明《みょう》という存在を自覚し三千世界を見通す大透視力《だいとうしりょく》を持つがためです。大きくビジネスを展開するためには、このような明《みょう》を保《たも》ち、先見《せんけん》の能力を発揮しながらことを処《しょ》していくということが、きわめて大切な要素の一つです。

一般に、人間社会のビジネスにおいては、近接《きんせつ》未来の変動に耐えるための先物取引ということが経済システムにおいて確立されていますが、あらゆるビジネスにおいて将来のレスポンス、そして予測収益《しゅうえき》性等を考慮《こうりょ》に入れてマネジメントを作成する必要があります。

このような事業上の近接《きんせつ》未来におけるレスポンスや収益《しゅうえき》性動向では、ビジネスの先例や状況把握《はあく》、現状認識《にんしき》、そして未来予測という未来指向型の経営が必要とされるわけです。

そういった理由から、明《みょう》という存在、明らかという存在、未来を駆《か》け巡《めぐ》る明光《みょうこう》の光をいかに私たちが感知し、動向を察知《さっち》するかという大透視力《だいとうしりょく》が必要とされるわけです。このようなことを未然《みぜん》に解決せんがために、明《みょう》という存在は確かに存在し、それを自覚して物事《ものごと》に当たるということが先見性《せんけん》を備えたビジネスには必要かと思われます。

明《みょう》という高次元からの波動《はどう》は、我々の住む世界に到達しています。それをあなたは感知できますか。その波動《はどう》に深く精神を集中させましょう。それは未来時間からの放射する神の恵みとしての直観知力です。それを私たちは明《みょう》の妙薬《みょうやく》といいます。明《みょう》という妙薬《みょうやく》は、明《みょう》理《り》を透明にします。明《みょう》というありがたくめでたい妙薬《みょうやく》を、私たちの人生はもとより、世界の動向《どうこう》、社会の動向《どうこう》、経済変動の先見性《せんけん》はもとより、人類が未来へと到達《とうたつ》するための宇宙の中で存在する神様から強く放射《ほうしゃ》される強いエネルギーを感受《かんじゅ》したるところの宇宙時代としての人類の位置を先見性《せんけん》をもって客観的に眺《なが》めるということが必要なのです。

そして、正しい健全な生活態度が、大透視力《だいとうしりょく》という先見《せんけん》の神通力《じんつうりき》を私たちに与えてくれるのです。明保大透視力《みょうほだいとうしりょく》の先見神通力《せんけんじんつうりき》と言うのです。明確なる先見神通力《せんけんじんつうりき》は、完全に濁《にご》りを消し、未来という先方を極《きわ》めて明瞭《めいりょう》に、明るく自覚せしめてくれます。濁《にご》りがまったくないがゆえに、あらゆる判断において迷いはなく、不必要な苦労はなく、最短距離にて目的を完全に成就《じょうじゅ》することができます。この明保大透視力《みょうほだいとうしりょく》の先見神通力《せんけんじんつうりき》を得れば、おもしろいようにあらゆる願いがかない、速《すみ》やかなる目的成就《じょうじゅ》を図《はか》ることができるのです。宇宙の変革という時の力は、今まさに近づきつつあります。皆様もお気づきのことでしょう。これを神通変化《じんつうへんか》するためには、精神的心霊的神のご加護による修得（悟り）が必要なのです。

明《みょう》を保《たも》つという考え方を説《と》きましょう。明《みょう》を待つということに明るさを持つということです。これはどういうことかと言うと、明日になれば必ず朝日が昇り、光明燦々《こうみょうさんさん》たる太陽によって世界が美しく照らし出されるということを、今日明らかに知悉《ちしつ》し、自覚して生活することができるということです。

明日になれば必ず太陽が昇り、明るい太陽に照らされるということを確かに知っていますから、今日、明るい生活を送ることができるということなのです。これを「明《みょう》を待つ明るさ」と言います。明《みょう》を待つ明るさは、迷いのない明るさです。迷いがないがゆえに、明るい正しい前途《ぜんと》に向かって、正しく、最短距離に前進することができるのです。

このような考え方を持てば、目先《めさき》の無用な利益に惑《まど》わされたり、間違った衝動《しょうどう》にかられたりすることもなくなります。どのような状況であろうと、堂々たるゆったりとした、自信にあふれる態度が取れるのです。ビジネスの世界においては特に、目先《めさき》の利益にとらわれず、明《みょう》という存在をしっかりと自覚し、先見《せんけん》の明たる明保大透視力《みょうほだいとうしりょく》を生かして物事《ものごと》を捉《とら》え、判断していくということが、何よりも大切です。

明保大透視力《みょうほだいとうしりょく》の先見神通力《せんけんじんつうりき》を持つ者は、失敗はなく、大成功があるのみという確約がなされています。このように理解すれば、明保《みょうほ》を称《たた》え、祭るということが、大透視力《だいとうしりょく》を得る配管となり、この強き配管に流通されるエネルギーが先見神通力《せんけんじんつうりき》というエネルギーであるということが十分に理解できるものと思います。

天保水許《てんぽすいきょ》の神通力《じんつうりき》

「天保水許《てんぽすいきょ》」という言葉は、古くから今日《こんにち》に言い伝えられています。

これは、天を保《たも》つ者、いわゆる天保《てんぽ》をなす者に、水許《すいきょ》が与えられるという意に解《かい》します。「水許《すいきょ》」とは水を許すと記しますね。水を許すということは、いわゆる水を与えられるに値するということであり、これは生活を許されるということと同義《どうぎ》と解《かい》します。

どういうことかと言うと、天を保《たも》つ者にこそ命が与えられる、天を保《たも》つ者は生かされるということです。大自然の摂理《せつり》から眺《なが》めてみれば、大いなる太陽を保《たも》つ生活をなす者はその恵みを全身全霊に受けて生かされているということです。

ただし、ここで言っている天保水許《てんぽすいきょ》というのは、ただ単なる大自然界の摂理《せつり》のみを言っているのではありません。もちろん、大自然の摂理《せつり》に適《かな》うということは、健全なライフスタイルを実践《じっせん》する上での基礎ではありますが、この基礎の上に立って、天保水許《てんぽすいきょ》を考えてみなければならないということです。ひと口に天保《てんぽ》と言うことは、きわめて簡単なことではあります。しかし、この天保《てんぽ》という言葉には、深い意味と意義が存在するわけです。大宇宙の法に照らすところの天保《てんぽ》です。正しい天の理《ことわり》を力強く断行《だんこう》する法力《ほうりき》です。

なぜこのようなことをビジネスの世界で言うのかというと、世界ランキングのトップ企業者たる多くのビジネスマンは、ビジネスをなす前に、強く正しく明るい人間であらねばならないからにほかなりません。彼であればこそ、このビジネスをこなすであろうという、しっかりとした人間性、天の時に稲妻《いなずま》の雷光《らいこう》のごとく、物事《ものごと》を成就《じょうじゅ》完成せしめる人物、このような人物が求められているのです。そのためには、ここで言っている天保水許《てんぽすいきょ》の力強き悟《さと》りというものが必要になってくるのです。

天保《てんぽ》とは、今この時、正しい天はこの三千世界に何を求めているかということを、深く自覚することからはじまります。このニーズを知ることを悟《さと》りと言ってよいでしょう。

このことは、意外に重要性を持つ言葉であるかもしれません。企業を生かすのは、まさに企業に求められている天を知る、ということ。これは、企業に求められている天を保《たも》つ者こそ、企業を生かし、存続させることができるということです。ということは、何が大切かと言うならば、天保《てんぽ》という何らかのオプションを持っている企業こそ、天はその企業を助け、その企業に、無限なる水という生命《いのち》を与え続けてくれるということです。使命のある企業は、まさに天によって、強く強く生かされ続けるということです。

天保水許《てんぽすいきょ》という古き由来《ゆらい》を知り、使命感に燃える、偉大なる企業を動かしていきましょう。それがビジネスマンの誇《ほこ》りであり、使命達成がビジネスマンの生き甲斐《がい》であり、そして生活の糧《かて》を得る有意義にしてニーズを満足させる方法です。

明《みょう》保《ほ》が呼び寄せるミラクル

明保《みょうほ》には二通りの考え方があります。そのうちの一つは、すでに述べましたように、明《みょう》を待つ明るさということにビジネスの利益があるということでした。

二つめとしては、時間を超える明《みょう》が、ミラクルを事実として強く呼び寄せ現実化させるということです。人生において、ビジネスにおいて、ミラクルとは何でしょうか。

世間では、ミラクルという言葉に運という言葉を置き換《か》えて述べられているように思います。「あの方には人生に運があった」「そのプロジェクトやあの事業には運があった」このようにかたづけられているのです。

明保《みょうほ》の運というものは、確かに存在しています。しかしここでは、運というものは広い駐車場に保管しておきましょう。すばらしく強い運というものは、使わずに貯《た》めておくことができるのです。楽観的な考え方で、物事《ものごと》を、明るく処《しょ》して生きましょう。悲観することは何もありません。物事《ものごと》の中心で大義《たいぎ》を考えていきましょう。その大義《たいぎ》の発するところに、ビジネスの絶大《ぜつだい》な利益が、確かに存在するのです。

そこで、明保《みょうほ》の二つめの考え方を述べていくこととしましょう。時間を超えた明《みょう》のミラクルです。

一般的常識としては、先見《せんけん》の明《めい》と言います。ビジネスにおいて先見《せんけん》の明《めい》は、きわめて一般的な経営判断の要素です。これはビジネスの世界のみだけでなく、人生一般論に当ててはまることでもあります。物事《ものごと》の先見《せんけん》をよく見る、物事《ものごと》の先見《せんけん》をよく見通す、過去・現在の情勢から近接《きんせつ》未来を正確に予測するという、基本的能力です。強い先見《せんけん》能力は、時間を超え、未来の現実を正確に予測し、現在のビジネスやもろもろの生活に生かすことができます。

単純なことから考えれば、海上において、夜中、星などが輝いていれば、その星々を見て自分の位置を知り、一刻《いっこく》も早く太陽が見たければ針路《しんろ》を東へ東へと取ることになります。そうすれば、必ずや最短距離で太陽の昇る朝日が訪れることでしょう。これは、まったく単純な話ではありますが、先見《せんけん》をもって予測するという意味においては、きわめて基本的で科学的でもあるのです。

先見《せんけん》の明《めい》は、ビジネスにおけるマネジメントの判断力だけではありません。先見《せんけん》の明《めい》の重要なファクターには、技術生産力、技術応用力、文明開拓《かいたく》技術力、安全性拡大のための応用技術力、人間の基本的能力を侵《おか》すことなく自然環境を補強することが必要です。そして環境開発は、限りなく宇宙文明に近づき、先見《せんけん》の明《めい》を今発動させる時なのです。

このような先見《せんけん》の明《めい》の総合的結果として、確実なるミラクルという現象が発生するのです。時間を超えることのできる明という確かな存在は、理想への実践《じっせん》という現実において、方法選択の絶対的必勝を採用するということであり、その採択《さいたく》の中心に、必勝の大義《たいぎ》が存在するということです。健康で、すこやかな、もろもろの人間生活において、先見《せんけん》の明《めい》という絶対的必勝の決定は、時間を超えて大きな成功と勝利を生み出します。

以上のような考え方で、すこやかな健康生活を日々送るならば、どこにでも見通しの明るいミラクルが生み出されます。宇宙文明への接近を理想とする先見《せんけん》の明《めい》というビジネスは、次々とミラクルを生産させていくでしょう。これはあらゆる分野において興《おこ》ってくるのです。ビジネスの世界だけではありません。政治も、その影響を避けて通ることはできなくなるでしょう。もっとも、政治は、理想実現の手段としてフルに活動させねばなりません。小手先《こてさき》の解決に終始させてはならないのです。

国家は百年先の明《みょう》を読み取らねばならず、教育を根本としなければなりません。湧《わ》き水のごとく傑人《けつじん》を生み出さなければならないのです。先見《せんけん》の明《めい》の健常的システムは、人間の根本的小宇宙と大宇宙を全開させるでしょう。私たちは質的進化のプログラムの中に存在しているのです。

広目天《こうもくてん》を奉賛《ほうさん》せよ

広目天《こうもくてん》とは広い視野を持った天、あらゆる事象《じしょう》を見通す偉大なる存在者という意味です。このような偉大な広目天《こうもくてん》を奉賛《ほうさん》しましょう。祭り賛《さん》ずるのです。

広目天《こうもくてん》は私たちの目の中に存在します。健全なる精神とともに、目の中にあって輝き、あらゆる事象《じしょう》を見渡し、見守ります。あらゆるビジネスの世界において、多様《たよう》な遠距離鉄道を、ビジネス教育をなしながらトレーニングを積み、完全な日常的成功のダイヤを構築《こうちく》していくということは、広目天《こうもくてん》の力をもってなす業《わざ》です。

広目天《こうもくてん》の力とは、人間の目の力だけではありません。人間が神様と繋《つな》がる強いスピリットの中に、爆発する力として確かに存在し続けているのです。そして、人生のレールロードの構築《こうちく》はもとより、多様《たよう》なビジネスを、遠距離鉄道というプロセスとプログラムを完全に機動させ、運転せしめるということは、始発事業から終点事業へと到《いた》る重要なビジネスマンの課せられた任務《にんむ》です。

このような成功への鉄道を立脚《りっきゃく》させるというビジネスは、広い視野をもって目的を成《じょう》就《じゅ》させていかなければなりません。鉄道という言葉は、ビジネスの道筋《みちすじ》を例《たと》えて言っているのではありますが、始発決定から目的地成就《じょうじゅ》まで、迷うことなく突っ走ることが必要なのです。その列車の運行は、理念上の安全を絶対的に保全《ほぜん》し、ゆとりある走行事業でなければなりません。いわゆる安全は、理念の決定的のみならず、現状に即した安全対策を速《すみ》やかに履行《りこう》していくということです。

目的地という鉄道プログラムを立てたならば、判断上の濁《にご》りはいっさいなく、目的地への切符を取って、ダイヤどおりその指定の列車に乗るということが必要です。鉄道は、目的地に近づくにつれて視界は開け、不安という濁《にご》りは少しずつ溶《と》けてゆき、トンネルを抜けたごとく、俄然《がぜん》と前方《ぜんぽう》が見えはじめてきます。そして、目的地に着くやいなや、完全なる視界は開け、濁《にご》りは消え去っているのです。これが広目天《こうもくてん》を奉賛《ほうさん》する功徳《こうとく》です。

目的地への成功のための決断は、石像観音《かんのん》のごとく、固きに固く、ゆるぎのない意志力をもって貫《つらぬ》かれています。ビジネスマンは、竹を割ったような、濁《にご》りのない性格を持つことも一つの決断における才能です。しかしながら、修正することにも勇気が必要です。有能なビジネスマンは、勇気をもって修正することをためらうことはありません。ビッグ　サクセスという駅名への鉄道は、ビジネスマンが開拓《かいたく》するのです。

何本ものサクセス鉄道というものが存在するのです。強く、太く、そして長い、鉄道というプロセスの中に、宿命《しゅくめい》として存在する大成功という運命の鉄道は、広目天《こうもくてん》を奉賛《ほうさん》することによって、そしてまた、自《みずか》らが自覚、努力することによって、立脚《りっきゃく》された鉄道が、ビッグ　ビジネスの勝利、あるいは人生の麗《うるわ》しき勝利としてかなえられるのです。広目天《こうもくてん》は、我ら人類に先行きの明るい視野《しや》と絶対なる安全性を与え、見守ってくださるのです。

ビジネスマンの手中《しゅちゅう》にある、立脚《りっきゃく》されたサクセスという鉄道は、人生の中心点を力強く立ち上げ、世界の平和と成熟《せいじゅく》した豊潤《ほうじゅん》へと貢献《こうけん》することができます。ビジネスや人生における鉄道の立脚《りっきゃく》は、長く、強い旅路に等しく、安全に生命を運行する広い視野が必要であるということが、十分に理解され、そして確実に確保されるのです。これは言うまでもなく、広目天《こうもくてん》の何たるかを、私たちが十分に理解できたからにほかなりません。

的《まと》を射抜《いぬ》く射撃手は、的《まと》のある方角をよく見極《みきわ》め、的《まと》の中心をめざして射撃します。この当たり前の動作に、広目天《こうもくてん》の力が働いているのです。射撃手は、どこに的《まと》があるのかを策定《さくてい》しなければなりません。ビジネスの世界で言うならば、どこにニーズのある商品があるのかを策定《さくてい》しなければならないのです。そしてニーズの方向性が確定されたならば、その的《まと》の中心を目がけて射撃し、的《まと》を射抜《いぬ》かねばならないのです。必勝を期する射撃手は何の疑いもなく、何の濁《にご》りもなく、何の心配もなく、的《まと》の中心を射抜《いぬ》くでしょう。なぜなら、その必勝の射撃手は広目天《こうもくてん》という目をもって射撃をなしたからにほかなりません。

ビジネスの商品開発の世界においても、一商品の多機能性を徹底的に追求する商品と、単一性を基本とする最大優良商品を追求する、商品の流れが存在します。通常の社会生活を行う、日常の用とする商品は必ずしもコックピットの中にいるパイロットの操縦性を求めるものではありません。

単一基本商品ということは、多くの機能を一つの商品に求めることはなく、一つの機能をプロフェッショナルな機能水準以上に保ち、機能性は単純であるが最も優良な品質を提供することができる商品であり、操作が簡明で単純至極《しごく》であるという利点を、常に持っていることが重要です。品質上優秀であるということは、きわめて耐久性に優《すぐ》れ、操作手順が簡単でなおかつ間違いがない、確実な手動感覚を与えるものです。

このような商品の二面性を十分に心得《こころえ》た生産体制、研究体制、商品開発体制が必要でしょう。これは商品開発に関する話に限定していますが、あらゆるビジネスのサクセスをもたらす立脚《りっきゃく》点は、広目天《こうもくてん》の考え方を生かすということです。

もっと売れ筋ダイナマイトの火を点《つ》けなさい

「儲《もう》かる」という言葉をご存知でしょう。大きく儲《もう》かるということは、いわゆる大きく社会に貢献《こうけん》することができたということです。

この言葉を解釈すると、大勢《おおぜい》の信ずる者、すなわち大勢《おおぜい》の信用を得た事業、ないしは商品が多くの顧客《こきゃく》によって愛されたということです。こんなに簡単な真理で、商人は悩む必要はまったくないのです。

そこで、世界のトップランキングにのぼるビジネスというダイナマイトに、火を点《つ》けなければなりません。今日の売れ筋は何か、近未来的に何が最も必要とされているのであるか、常に時代と顧客《こきゃく》の欲求を観察し、その最も的確な解答を、ビジネスマンはこの時代と社会に提供し続けなければならないのです。

ここで私たちは、売れ筋ビジネスのダイナマイトとは何かということを確認しておかなければなりません。売れ筋ダイナマイトとは、人類の平和に貢献《こうけん》できるビジネス。人類の幸福に貢献《こうけん》できるビジネス。人類の生活利便《りべん》に貢献《こうけん》できるビジネスです。

このようなビジネスが、大別《たいべつ》して売れ筋ダイナマイト　ビジネスの道筋《みちすじ》と言えるでしょう。より身近に考えてみるならば、家庭の平和に貢献《こうけん》できるビジネス、家庭の幸福に貢献《こうけん》できるビジネス、家庭の生活利便に貢献《こうけん》できるビジネスというように考えることができます。

八千万《やちよろず》のビジネスの中にあっても、明るい、未来指向型の、積極的トップランナーたる企業集団は、このような売れ筋のダイナマイト　ビジネスをきわめて優良に発見し、創造し、あるいは開拓《かいたく》していくことができるでしょう。

服飾《ふくしょく》産業にあっては、売れ筋のダイナマイト商品がどこにあるのか、もう一度よく考えてみましょう。住宅産業にあっては、どのような住宅商品に売れ筋のダイナマイトが存在しているのかを洗い直してみましょう。食料販売、飲食店事業においては、どのような観点に売れ筋のダイナマイトが存在しているのかを、もう一度よく考えてみる必要があるでしょう。

ダイナマイト　ピンポイント

あらゆるビジネスのダイナマイトの導火線《どうかせん》になっているのは、人類的ヘルシー　ピンポイントであり、利回《りまわ》りのピンポイントであり、安定性のピンポイントです。

明るい未来型の、平和ビジネスにはどのようなダイナマイト　ピンポイントが存在するのでしょうか。残念ながら、現在では平和の維持《いじ》、創造ということは無償《むしょう》ではありません。そこには有料のビジネスが介《かい》されています。そのビジネスの一つには、国家間の平和推進《すいしん》事業も存在するでしょう。あらゆる事業には企業集団が介在《かいざい》し、そこに重大なる労働が成功の約束とともに確かに存在しているのです。

あるいはまた、人類の幸福をもたらすダイナマイト　ビジネスとはどのようなものでしょうか。人類の八千万《やちよろず》の幸福を永久《とわ》に提供し続け、顧客《こきゃく》を安全に、快適に、十分に満足せしめ、予定されたる期間、愉快《ゆかい》にさせるピンポイント　ビジネスはどこに介在《かいざい》するのであるかを、よく考えてみなければなりません。

人類の生活利便《りべん》への拡大はどのようなビジネスが介在《かいざい》しているのでしょうか。その介在《かいざい》するビジネスの、どこに売れ筋のダイナマイト　ビジネスが存在しているのかを、よく考えなければなりません。

これらのすべてにわたってキーワードとなる言葉は、ヘルシー　ピンポイントであり、利回《りまわ》りピンポイントであり、安定性のピンポイントです。これらのピンポイントを十分見通し、明るい、近未来型の積極的ビジネスを展開することが、いわゆる売れ筋ダイナマイトの導火線《どうかせん》に火を点《つ》けるということにほかなりません。マネジメント　リーダーは、自《みずか》ら積極的に売れ筋ダイナマイト　ビジネスを開拓《かいたく》し、ダイナマイトの導火線《どうかせん》に火を点じましょう。

言葉の祝い　褒《ほ》め言葉の力

本日は無事安泰《ぶじあんたい》にておめでとうございます。私たち人類の明るい足元と、強い足腰の力強い歩みに、大愛《だいあい》という時間をご足労《そくろう》され、まことにおめでとうございます。

祝いの言葉、褒《ほ》め言葉には力があります。祝いの言葉、褒《ほ》め言葉には、積極的な大愛《だいあい》の力がこめられているからです。ビジネスの世界で、この無限の力を活用しない手はありません。ビジネスの世界でも、積極的にこの祝いの言葉、褒《ほ》め言葉の力を十分に活用させましょう。

うきうきとした、燃えるような、明るいビジネス。そしてそのビジネスによって創造される商品。このような輝けるビジネスや商品を、世界は待っているのです。お茶の間にこの商品がある、何とめでたいことでしょう。一家にこの商品がある、何とめでたい家でしょう。職場にこの製品がある、何とめでたい職場でしょう。この国家にはこのようなビジネス　プログラムがある、何とすばらしいプログラムでしょう。何とめでたい事業でしょう。

このように、積極的に明るい世界中から祝われる、褒《ほ》められるビジネスを展開しましょう。

一見むずかしそうではありますが、意外と簡単なことなのです。祝いの根本がクリーニング　ハートであることは、すでに知っていますね。クリーニング　ハートでありますのでめでたいのです。四隅《よすみ》、中央、あまねく清潔で、明るく、整理整頓《せいとん》された環境の中で、日々好日《ひびこうじつ》の、嬉《うれ》し嬉《うれ》しい世界は、まことに健康に大全開展《ぜんかいてん》されていくのです。これこそまことにめでたく、祝い祝われの真ん中に存在するのです。

すでにクリーニング　ハートをなされた方は、あらゆる第三者に祝いの言葉を与える有資格者なのです。積極的に祝いの言葉を与えましょう。積極的に褒《ほ》め言葉の力を使い、十分に活用しましょう。

「ＢＶＣはすばらしい。ＢＶＣは世界を平和に導《みちび》く。ＢＶＣは地球人類の文明をすばらしい宇宙文明へと導《みちび》く偉大なる存在である。ＢＶＣの集団はきわめて優秀な存在者たちの集まりである。世界人類から敬《うやま》われ、尊敬され、褒《ほ》め称《たた》えられる集団である」

祝いの言葉には力が存在します。

「ＢＶＣは世界のリーダーである。世界中の友人を、世界中で祝い、世界の平和のまとまりを力強く推《お》し進めるすばらしい集団である」

世界中の志《こころざし》のあるファミリーは、ＢＶＣを奉賛《ほうさん》し、クリーニング　ハートの健康で建設的な、根元的力強い世界をつくっていくでしょう。

このように、祝いの言葉、褒《ほ》め言葉には、力と大愛《だいあい》がみなぎり、明るい近未来を、確実にそして現実へと創造していくのです。それゆえに、祝い言葉、褒《ほ》め言葉には力があるというわけです。

明るい、楽しい、近未来的すばらしい現実としてのビジネスは、ＢＶＣとともにあるのです。ＢＶＣには、絶大《ぜつだい》なる健康があるのです。ＢＶＣには絶大《ぜつだい》なる発展があるのです。ＢＶＣには絶大《ぜつだい》なる世界中の友情があるのです。ＢＶＣには未来を力強く、健全に歩むという力があるのです。そしてＢＶＣは、神とともに歩むのです。すばらしき輝きのＢＶＣは、世界の勇士を力強く守るでしょう。

推理を押し立てよう

人間の特有である第六感をフルに活用せよということです。人間の持てる才能をフルに活用し、前途《ぜんと》のあらゆる事象《じしょう》に際し、推理を押し立て進めるということです。

これは、ビジネスにとって最も大切なことです。日常生活はもとより、このような第六感を活用し、物事《ものごと》のスピード　アップを図《はか》り、不必要な摩擦《まさつ》をゼロにすることができます。第六感を活用するということに際し、人間の持てる神経を図太《ずぶと》く開拓《かいたく》していくということが必要でしょう。第六感の太い神経は、何ものにも左右されることなく、まっすぐに真実とその事実を俊敏《しゅんびん》に把握《はあく》することができます。

このような人間の、すでに与えられている能力を活用することに従って、無駄《むだ》な摩擦《まさつ》はなくなり、些細《ささい》なことでくよくよしたり、あるいは些細《ささい》なことで腹を立てたりするということは、いっさいなくなるのです。人間の第六感をもって推理を押し立て進めるということは、物事《ものごと》をすべて循環《じゅんかん》に、そしてスピーディに、目的を貫徹《かんてつ》させる一つの方法であり、物事《ものごと》を判断するに際《さい》して、最もはじめに発動すべき事柄《ことがら》です。

クリーニング　ハートの終了と同時に、第六感は完成されています。これは神が人間に与えた神知《しんち》でもあるわけです。疑う必要はありません。惜《お》しみなく活用しましょう。つまらないことや些細《ささい》なことやどうでもよいことに、心配したり悩んだりする必要は全くありません。ありのままに正々堂々《せいせいどうどう》と正しく生きることです。

そして、そのような思いは決して行ってはならないことです。人間は前途《ぜんと》の大道《だいどう》たる基本を、積極的に、明るく、歩んでいく必要があります。人間の大道《だいどう》と呼んでよいでしょう。人間の大道《だいどう》は後ろ向きであってはならないのです。

温故知新と言うとおり、反省は進歩の原動力でもあります。しかし、私たち人間は後ろを向いて歩くことはできないのです。人間は必ず前方《ぜんぽう》を開き進んで、おのおのの大道を歩んでいかなければならないのです。

そこで六感をも活用し、人間の持てる才能を十分に生かすことが必要とされます。いわゆる推理を立て押し進めるという作業です。このような考え方で物事《ものごと》を観察してゆくならば、あらゆるいっさいの小さな細事《さいじ》、どうでもよいような事柄《ことがら》、古い昔の取り越し苦労などにまったく何らとらわれる必要がないことが、十二分に理解できるはずです。

それは、正しい意志力を強く保《たも》って現状を正しく押し開き、未来のはっきりとした光明《こうみょう》を拝受《はいじゅ》することです。

後悔《こうかい》のない人生は、前途《ぜんと》の太陽を仰《あお》ぎ、そして太陽を背にして一歩ずつ前へ前へと大道《だいどう》を歩むことからはじまります。その大道《だいどう》への一歩は、大成功への一歩であり、人生の大勝利への一歩であるのです。ゆえに、人間は大道《だいどう》の基本を、前に開き進みましょう。

一番簡単な道しるべは、神が与えたあなたの中に存在する第六感を活用せよということです。自《みずか》らの第六感をフルに活用し、推理を押し立て、作業を着々と押し進めましょう。これが、二十一世紀からはじまるビジネスの根元的、ヘルシーなスタイルなのです。私たちは、正しい第六感と正しい意志力により、すでに大成功を成就《じょうじゅ》したのです。

マネジメント収益《しゅうえき》の改善（製造業）

ここでは、製造業に関する収益《しゅうえき》の改善について述べたいと思います。

安定的需要《じゅよう》のある商品をバイリンガルに持っているということを条件として、この論題を述べましょう。どのような時代にあっても、技術革新は目に見えて速《はや》いスピードで実現されています。この技術革新に安定的に取り組み、事業の量的解決を図《はか》ることが必要です。

時代的な技術水準の一歩上を歩く工場、企業の実践《じっせん》的ワーキング　プロデュース、いわゆる時代的瞬発力《しゅんぱつりょく》のある機動商品、このような生産物を安定的に生産し供給していくことが、今日の製造業には求められ続けています。このことは、このような生産能力のある企業は、常に社会から強い需要《じゅよう》を受け、生産を求められ続ける強い商品と言うことができるのです。

そこで、どのようにすれば製造業としての企業の収益《しゅうえき》が安定的に確立されるのかという問題を、少し述べましょう。

製造企業の一般的財産の要素として、技術、技術の応用力等が、職能という担《にな》い手によって集団的に形づくられています。

このような中にあって、一つの商品目標、完成へのスタイルは、当初の確定的なスキル、そしてライン上のスキル　アップ等の検討《けんとう》から、速《すみ》やかにして流れるがごとき製造ラインを、いかに安全で、効率よく、そして堅固《けんご》な商品として生産していくことができるかという点に集約されるわけですが、ここで一番問題となるのが、あらゆる物は人によってつくられるという現実です。もちろん、高性能で安全なロボットの力も借りることが、今日、多くなりました。

しかしながら、これらの工業ロボットを回転させ、作動《さどう》させ、命令を与えるのは人間です。このような中で製造業にサクセス　プログラムとして与えられるのが、労働参加による協業《きょうぎょう》というテーマです。この協業《きょうぎょう》、協力して業を完成させるという、いわゆる協業《きょうぎょう》の中心をなすのが、「ウィル」という観点です。いかにこの商品をスムーズに、安全に、そして堅固《けんご》に、いわゆる歩留《ぶど》まりをいかにゼロに近づけるかという創意工夫《そういくふう》が大切になってくるわけです。

ウィルのサンドイッチ　サクセス法

問題の解決は、その際《さい》、重大な会議よりも、重大な生産ラインの設計よりも、そしてこまごまとしたミーティングよりも、何よりも先に解決しなければならないことがあります。たとえば、大工場内の清掃《せいそう》を例に取ると、まず工場内の四隅《よすみ》を徹底的に整理整頓《せいとん》することです。また、大工場の中央をきれいに整頓《せいとん》し、製造の流れがクリアーに見えるようにしましょう。まったくの初歩が肝心なのです。

まったくの初歩を、ラインを徹底的に完結させましょう。あらゆる部品の製造番号を完全に区分けし、統合部品番号によって、どこに何があるかを即座《そくざ》に峻別《しゅんべつ》できる完全な仕分け体制をとりましょう。工場の廊下には、どんな小さな部品一つたりとも転がっていないようにしましょう。

さぁ、そこからがスタートです。工作室では、六ヵ月に一度のスキル　アップ　ミーティングを実践《じっせん》しましょう。もっとも安全で、無駄《むだ》のない、労働作業はどのようにすればよいかという基本に立ち返って生産ラインを見直すのです。このような全循環《じゅんかん》過程の中にあって、ウィル、スキル　アップ、そしてウィル、このような意志生産作業が必要です。これを「ウィルのサンドイッチ　サクセス法」と呼びます。ウィルとウィルの真ん中にあるのは、とりもなおさずスキル　アップという作業です。

このような生産方法を徹底的に全循環《じゅんかん》させ、流れ作業させるのです。もちろん、作業方法には、流れライン工法と熟練者《じゅくれん》一名による全工程完了システムという方法がありますが、いずれにしても「ウィルのサンドイッチ収益改善法《しゅうえき》」が、もっとも優《すぐ》れた成果を、結果として出せる方法であると考えられます。もちろん、生産者の健康と勤労意欲というマネジメントの収斂性《しゅうれん》において、全勤労者がヒューマニティーにおけるおもしろさ、勤労の動機づけ、使命達成感といった充実性《じゅうじつ》において優《すぐ》れた面が確かにあるということです。

このようなウィルのサンドイッチという企業政策は、どのような製造事業に際《さい》しても有効に、適正な収益《しゅうえき》をもたらす方法です。徹底して整理整頓《せいとん》を行いましょう。

今日では、地球規模での在庫《ざいこ》調達《ちょうたつ》が可能です。あらゆる部品の発注、受納《じゅのう》インテリジェンスを速《すみ》やかにコントロールするのが、製造事業の企業的行動力と言えるでしょう。このような生産ラインでは、詰《つ》まることのない速《すみ》やかな生産物の完成への流れが勤労参加者全員のモラルの向上にもつながり、静粛《せいしゅく》の中にも和気《わき》あいあいとした企業精神が立ち上がっていきます。生き生きとした工場は、世界ランキングのトップにのぼる優良な生産物を、選ばれた供給先として指名されることができるのです。

平和の輸出貿易

資源の稀少《きしょう》な国にあっては、原材料の輸入はもちろんのこと、高度精密な加工技術による優《すぐ》れた生産物の輸出によって国民を豊かに発展させることが重要な柱になります。

輸出立国は、その大黒柱《だいこくばしら》を、堅固《けんご》に、太く、たゆみなく磨《みが》いていかなければならないのです。その大黒柱《だいこくばしら》に損傷《そんしょう》があってはなりません。中心柱、四隅《よすみ》柱を補強し、保全しなければならないのです。

このように、大黒柱《だいこくばしら》を健常に維持《いじ》しながら、国内の優秀な製造企業を自由競争の原理をもって育成していかなければなりません。今日、中小企業のベンチャー　キャピタル化による一般投資家の参加による企業急成長の姿は見るべきものがあります。それに伴《ともな》って、社会的金融の補助システムを十分に整備していく必要があります。

企業の安定性を図《はか》る一般的概括《がいかつ》として、今日まで特に労働賃金ということが突出して、生産費における割合比率による生産合理性というコスト配分に注目されすぎたきらいがあります。なぜなら、今日までの経営者は、労働賃金という項目のみに関心が注がれ、企業の総合的成長性、安定供給性という重大な基本政策に配慮《はいりょ》される重要コンサルティング部門が充実《じゅうじつ》されていないという現実が垣間見《かいまみ》られるからです。

もちろん、企業は、基本的収益《しゅうえき》性を確保しながら安定的生産を継続《けいぞく》していくというのが、特に製造業においては使命です。

このような総合的な経営バランスの上に立って、労働賃金という問題が考慮《こうりょ》されるべきであり、労働賃金のみを探《さが》し求めて生産国を決定するというのは、足元を見ないという危険性を孕《はら》むのです。一般的に、生産物は多様《たよう》な生産経費のバランスの上に立って収益《しゅうえき》を図《はか》られるのであり、労働賃金はその一つに過ぎません。総合的経費バランス、そして安定的生産環境が十分に配慮《はいりょ》され、経営政策が決定されなければなりません。

さて、平和の輸出貿易では、より高度な精密性を持ち、卓越《たくえつ》した性能を具現《ぐげん》し、世界市場の過半数を手中《しゅちゅう》に収めることができるという優秀な製品が求められています。大企業は、未来発想的アイテムに取り組むべきでしょう。特に、エネルギー関連部門において、時代先取りのビジネスを大きく展開させる機動力が求められ続けています。

石油、原子力から、他の環境に優《やさ》しいエネルギー　アイテムへ、飛躍《ひやく》的転換と発展が現実として介在《かいざい》しています。これは、諸政府の環境優良化政策の強い立脚《りっきゃく》支点とその政策に支援されるということもありますが、国際連合の環境優良化エネルギー政策の方向性からも十分理解できます。そういった意味では、まさに人類的エネルギー優良化転換の時期にきていると思われるのです。

諸国の山間地域にあっては、風力発電によるきわめて優秀な発電効力を持つ風力発電機が世界中から要求されるようになるでしょう。そのようなニーズに、平和の輸出貿易の果たす役割はまさに多大であり、重要な経済政策でもあると考えられるのです。

世界に必要な物を生産し、輸出し、世界に貢献《こうけん》しましょう。人類の平和に貢献《こうけん》しましょう。そしてまた、無用の長《ちょう》の最高峰《さいこうほう》に属する生産物、いわゆる芸術的工作物を輸出しましょう。この芸術的工作物は、芸術的価値にて需要《じゅよう》され、最高のフィーリングを与えます。

個性と芸術性のある生産物を輸出しましょう。自信のある性能とともに、貿易立国としての豊かな経済性を維持《いじ》していきましょう。人類の平和に貢献《こうけん》し、優秀な生産物を提供する。優秀な精密機械を提供する。このような輸出の基本から、自信を揺るぎないものとし、世界のリーディング　カンパニーとして発展していきましょう。世界はそれを求めているのです。

ワールド　トップのサービス産業

サービス　ビジネスの最高は、安全、安心、プライバシーの守護《しゅご》、静寂《せいじゃく》にして愉快《ゆかい》な時空間の提供、顧客《こきゃく》の自由行動性等です。それらが最も重要な基幹《きかん》的要素であり、その基幹《きかん》要素が顧客《こきゃく》に最高に満足される時、最高のサービス　ビジネスが履行《りこう》されたということになります。

これらのことは経営学の初歩ですので省きますが、ここで問題としたいのは、サービスビジネスにおける事業者と顧客《こきゃく》との人間的、心理的、とらわれのない、すがすがしいビジネス関係のあり方、そしてそのビジネス関係を基礎とするところの、事業者の心の発達、そのような優良な企業マネジメント環境にありて正当な報酬《ほうしゅう》を実現させていくというスムーズなプログラムです。そのことに関して、少し述べてみたいと思います。

サービス産業の基本は、人間です。人間を愉快《ゆかい》にさせ、安心を与え、何ごとも安全に履《り》行《こう》され、プライバシーを保護し、健康で愉快《ゆかい》な時空間を提供し、顧客《こきゃく》の自由な行動を保証する。このようなビジネスこそ、優《すぐ》れたサービス産業です。

顧客《こきゃく》を人間とするという立場にある事業者は、常に、顧客《こきゃく》の心をおもてなしするという立場に立ってあらゆる行動がなされなければなりません。これは、どのようなサービス事業をなすにおいても、すべて平等に行われるということです。顧客《こきゃく》は満足度において支出を決定します。

では、サービスマンは顧客《こきゃく》にどのような態度で接すればよいのでしょうか。

あらゆる事業の中で、サービス産業こそは事業者自身の全人格的素養が問われる業種です。稚拙《ちせつ》なガードマンであってはならないのです。一方的なルールをあらゆる顧客《こきゃく》に押しつけてもいけません。ユースホステルはユースホステルなりの顧客《こきゃく》との理想的な合意があり、超一流ホテルは超一流ホテルなりの顧客《こきゃく》との理想的な合意があります。

このような高次元《こうじげん》的サービスを見失ってはなりません。顧客《こきゃく》との関係において、何の障《さわ》りもなく、何の憶測《おくそく》もなく、何の疑いもない、このような合意がほんもののサービスであり、ほんもののサービス事業であるわけです。サービス事業者は、顧客《こきゃく》の心のうちに神の信託《しんたく》性を見、その神の信託《しんたく》性を礼拝《れいはい》する気持ちをもって適切な距離を保ち、親切に接しなければなりません。これがほんものの、一流のサービスです。

サービス事業者は顧客《こきゃく》に感動を与えなければなりません。事業者は経済的エゴイズムによってすべてを管理しようとしてはならないのです。一流ホテルには無料のロビーがあります。これは、近視眼的《きんしがんてき》には経済収益《しゅうえき》上、無用の用とみなされることがあります。しかしながら、無用の用としての重大な収益《しゅうえき》を、その時空間は保《たも》っているのです。ここに、サービス事業のむずかしさと奥深さがあります。

すべてを切り捨てるならば、公園のベンチになります。これでは優良のサービスを保証するということは言えません。無用の用こそ、サービス事業の本質にかかわる重大な要素であり、祝福された時空間なのです。事業者は建築士のみに設計をゆだねてはなりません。サービスの哲学を設計に深く組み込まなければならないのです。

サービス事業は心の修行《しゅぎょう》

サービス事業は、人間を顧客《こきゃく》とする、最高位に準ずるすばらしいビジネスです。事業者は本来、人格者であることを求められ続けます。このような要請《ようせい》に応《こた》え続けていかなければならないのがサービス事業の本質であり、事業者は日々、心の世界で、精神の豊かさにおいて進歩をなしていかなければならない、というおもしろさが、そこにあるのです。

顧客《こきゃく》の人間の中に存在する真心《まごころ》や神の信託《しんたく》性に感謝し、労働と奉仕《ほうし》を行なわせていただく、という強い信念がなければなりません。このような発想の上に立ってサービス産業が展開されるならば、世界トップランキングのサービス主体となることができるのです。

サービス事業は心の修行《しゅぎょう》です。事業者自身の心が常に平穏《へいおん》で、人を疑うことなく、そして顧客《こきゃく》の安全を確実に保証し、日々愉快《ゆかい》に満足させて顧客《こきゃく》を送り出していくという、この平凡《へいぼん》な繰り返しを営《いとな》み続けていくわけです。

顧客《こきゃく》の真心《まごころ》や神の信託《しんたく》性を見るということは、自《みずか》らの心の修行《しゅぎょう》ができていなければ及びもつかないことです。ロボットがこれをこなすには相当の年月が必要とされるでしょう。人間でなければ理解のできない真心《まごころ》やサービスが必ず存在するのです。

サービス事業のプロとなる人は、自《みずか》らの心のプロであり、全人格を常に心がけ、日々磨《みが》きに磨《みが》きをかける人です。単なる収益《しゅうえき》計算に上達するのみではほんもののサービスマンにはなれないというのが、この事業の楽しさであり、奥行きのあるビジネスと言われるところです。

ヘルスライフのビジネス

精神の感動、肉体の感動、真心《まごころ》の感動、このような感動を与えるのがヘルスライフのビジネスです。

もとより、ビジネスマンはヘルスライフの能動者《のうどうしゃ》でなければなりません。ここでは、ヘルスライフの能動者《のうどうしゃ》であるビジネスマンにスクラップ&ビルドという考え方を基《もと》に話を展開させていきたいと思います。

生物の肉体では新陳代謝《しんちんたいしゃ》が行われています。人間の社会にあっても創造と破壊が行われ、日々、社会が新しく進歩発展しています。そのような意味で、破壊と創造は停滞《ていたい》を防止し、新たな、そして健全な未来を開拓《かいたく》するために必要なプロセスと言わねばなりません。

社会現象の中にあっては、建築されたばかりの新しい建物がほどなく破壊されたり、破壊しなければならないような事態になることがあります。このような建物は、どこかに欠陥《けっかん》があったのでしょう。あるいは時代的要請《ようせい》、自然風土の調和といったことに対し、あきらかな誤りがあったということでしょう。

もちろん、創造と破壊というプロセスの中にあっても、古き良き伝統を保《たも》つ建築物は長く保存されることが必要です。自然調和の原則に適応できない伝統建築物は、何らかの方法により移転され、保護されるべきでしょう。

一般的に、破壊と創造は人間社会におけるヘルスライフを実現させています。明るい未来指向のビジネスマンは、ヘルスライフを基幹《きかん》として日々のビジネスを展開させ、完成させていかなければなりません。常に前向きに歩まなければならないのです。

それでは、どのような心得《こころえ》で前向きに歩んでいけばよいのでしょうか。そこが、ここでの一番の問題なのです。

まず、過去へのこだわりは破壊しましょう。新しく、正しい意欲を創造しましょう。これは非常にメンタルで、なおかつ万人に共通するテーマです。過去に囚《とら》われるノスタルジーはメジャーではありません。ここでは、大道《だいどう》の美しい目論見《もくろみ》をテーマにしましょう。

ヘルシー　ライフは精神が生き生きとしています。ヘルシー　ライフは真心がほのぼのとしています。ヘルシー　ライフは肉体がピンピンと働いています。どれをとっても、全開に、愉快《ゆかい》に、清浄《せいじょう》に働いているのです。

自《みずか》らの中心を、障《さわ》りのない時空間に移転させましょう。障《さわ》りのない時間、障《さわ》りのない空間、障《さわ》りのない国土、このような移転の大いなる徳という力は、純粋《じゅんすい》にして正しい信仰からはじまります。このような祝いのはじまりは、祝われた時間、祝われた空間、祝われた国土として出発します。

地球は一つです。現代文明にあっては、行動半径が広くなりました。一日二十四時間で、どこへでも行けるようになっています。ヘルスライフを主軸とするビジネスは無限です。あらゆるヘルシーなビジネスが、この世の中に存在しているのです。

スクラップ&ビルド、健全な構築《こうちく》物を再生させましょう。砂漠は緑に。国土も、自然の調和という要請《ようせい》からは逃れようがありません。スクラップ&ビルドの風が漂《ただよ》いながら、ヘルスライフの風がたなびいているのです。そのような爽《さわ》やかな風に漂《ただよ》いながら、日々のビジネスを慎《つつ》ましやかに、そして粛々《しゅくしゅく》と推《お》し進めていきましょう。

世の中が行き詰《づ》まりを見せてくる時、それは大きく明るくなる時でもあります。スクラップ&ビルドの果断《かだん》な実行によって、健全な社会が構築《こうちく》されていくのです。新しい健全なヘルスライフは、清らかな正しい信仰からはじまります。

このようなことに、今日のビジネスマンはアンテナを張り、総合科学的な思考方法を採用しながらも、敬虔《けいけん》な謙虚《けんきょ》さをもって与えられた仕事を成就《じょうじゅ》し、ビジネスを開拓《かいたく》していく必要があります。

ヘルスライフはリフレインの大愛《だいあい》です。詰まることなく、さらさらさらさらと流していきましょう。小川のせせらぎのごとく、さらさらさらさらと流していけばよいのです。強い太陽の光が射し、障《さわ》りはいっさいありません。本来、すべては自由です。危害《きがい》を与えず、危害《きがい》も受けず、あらゆる物事《ものごと》が粛々《しゅくしゅく》と回転し、輝いているのです。

ヘルスライフは真心《まごころ》の喜びです。精神の喜びです。そして、肉体の喜びです。大自然の小川のせせらぎの如《ごと》く、さらさらさらと流していきましょう。このさらさらと流れる様《さま》のリフレインが大愛《だいあい》なのです。何の物事《ものごと》にとらわれる必要はないのです。自《みずか》らの心の起《き》爆剤《ばくざい》に火を点《つ》け、新しい、すばらしい、ホーリーな時代を迎えましょう。これが真実のヘルスライフです。

健全なる精神は、あまねく肉体を神という元気で貫《つらぬ》き、神の目を持つホーリーな世界を繰《く》り広げるのです。感謝してヘルスライフを実践《じっせん》しましょう。私たちには偽善《ぎぜん》を拒絶《きょぜつ》し、偽我《ぎが》を拒絶《きょぜつ》し、詭弁《きべん》を拒絶《きょぜつ》するという意志力があります。理想を形骸化《けいがいか》せんとするまやかしを拒絶《きょぜつ》する意志力があるのです。

このような意志力こそ、ヘルスライフの根本を形成する基礎となるのです。見せかけの、おもちゃが如《ごと》き幻覚《げんかく》に惑《まど》わされてはなりません。真実を見る目こそがヘルスライフの根本なのです。

大明金秀《おおあけきんしゅう》の宮祭り

「大明《おおあけ》の金秀《きんしゅう》」とは、大きく明るい、そして金剛《こんごう》に輝く「金」と優秀の「秀」です。これを「大明金秀《おおあけきんしゅう》」と言います。

ビジネスのワールドワイドな世界にあっては、大明金秀《おおあけきんしゅう》という言葉は非常に大切な言葉です。大きく明るいということは、近未来、そして十年、二十年、三十年の未来にわたって明るい事業展開をなすという見通しが確立されるということです。大いなる明るい大黒《だいこく》柱《ばしら》がしっかりと立って、その上でいろいろな複雑系、未来変動の応用力と、変化に対応できる健常な新たな体制づくりが梁《はり》となり支柱となります。

このような大明《おおあけ》の形式こそが、金を生み、優秀なる企業を形つくっていくのです。大明《おおあけ》金秀《きんしゅう》のビジネスとは、近未来的に明るい事業をなす、優《すぐ》れたビジネスマンの集団であり、時代を強く変革《へんかく》し、健常な社会を構築《こうちく》していくための非常に重要な役立ちをなす集団です。

すばらしい企業は大明金秀《おおあけきんしゅう》の集団を堅固《けんご》に固《かた》め、優秀な人の宝を磨《みが》いていかなければなりません。これを「大明金秀《おおあけきんしゅう》の宮祭り」と言います。ここで言う「宮」とは、神々の神殿のごとき浄《きよ》い心がけの結束《けっそく》を固《かた》めるお祝いであり、そのお祭りです。このお祭りは、九重《ここのえ》の光が、太く、祭の主（祭主《さいしゅ》）とその集団をお守りになる祭りです。

九重《ここのえ》の光はまことに輝かしく、色鮮《あざ》やかで、きわめて多彩《たさい》な色彩《しきさい》であり、キラキラと美しい光線です。このような美しい光が、あらゆるいっさいの事業の前途《ぜんと》に、祝うが如《ごと》き実在の稼働《かどう》となって展開していくのです。ビジネスマンは嬉《うれ》し嬉《うれ》しい心持ちをもってクリーニング　ハートに明るく目覚め、すがすがしい心持ちを持ちながら、大明金秀《おおあけきんしゅう》の宮祭りを体験することができます。ですから、明るい未来指向のビジネスは、大明金秀《おおあけきんしゅう》の宮祭りというプログラムを展開していきましょう。

二十一世紀の成功と勝利へ導《みちび》くキーワードは、「大明金秀《おおあけきんしゅう》」です。

頭の中に能力アップのヘルス　センターを持ちましょう。このヘルス　センターは自分自身の頭の中にあるのです。能力アップのヘルス　センターは、日々、自《みずか》らの頭の中を点《てん》検《けん》することができます。能力アップのヘルス　センターの中には、常に大明金秀《おおあけきんしゅう》の宮祭りが、勇気爛々《らんらん》、太鼓《たいこ》を叩《たた》いて鼓舞《こぶ》しています。頭の中は、光明《こうみょう》の神々でいっぱいです。すべてが積極的な応援団です。目標はビジネスマンの意念《いねん》のなかですでに決定され、達成されたのです。

神々《こうごう》しい世界の創造を手がけていくということに等しいのです。雄大にして意義の深い任務《にんむ》が、我らビジネスマンに課せられています。世の役に立ち、神の創造の一翼《いちよく》を担《にな》うという神々《こうごう》しい役立ちを、この世で実現していくのが二十一世紀のビジネスマンです。

二十一世紀の大福音《ふくいん》

二十一世紀の大福音《ふくいん》が、アース　スターの北極と南極に舞い降りています。二十一世紀は星のレベルで大変におめでたい世紀です。北極と南極にビッグな大福音《ふくいん》としてのプレゼントがオーロラとなって舞い降りています。

このビッグなオーロラは、太陽の神々からはるばるこの星へ、大変清らかな、金剛《こんごう》色のまぶしい光を届けてくれます。太陽の神々は美しい音楽を奏《かな》で、オーロラという福音《ふくいん》を用いて、その音楽を私たちに聴かせてくれるのです。

これは、三次元的な物理学を超越《ちょうえつ》した神々《こうごう》しい響《ひび》きです。ビジネスマンはこのオーロラを見て、生命力が湧《わ》いてくることでしょう。なぜなら、このオーロラは、アース　スターと、その上に住むすべての人々に生命力を吹き込んでくれるからです。北極の近くにも、南極の近くにも、どんどん旅行ができるようになりました。本当にめでたいことです。

オーロラを間近《まぢか》に見て、その生命力と息吹《いぶき》を十分に汲《く》み取っていただきたいのです。大福音《ふくいん》に祝われた二十一世紀に生きる人々は幸せです。幸せの友の輪は広がっていくでしょう。楽しい世紀です。アース　スターもようやく平和に、一つになることでしょう。大いなる福音《ふくいん》をくだされた二十一世紀の世界の中心に立って、高らかに宇宙文明への花火を打ち上げましょう。人類の真心《まごころ》が大愛《だいあい》となって、平和な果実を拡大再生産することができたことを感謝しましょう。

めでたいビジネスの五アイテム

さて、二十一世紀のめでたいビジネスに際《さい》して、少し述べておきましょう。二十一世紀のめでたいビジネスのアイテムをよく心得《こころえ》ておくならば、さまざまな分野においてメリットのある結果を得られることでしょう。

その一つは、バイオ　テクノロジーの進化に伴って、無農薬農業が一般化され、生産が飛躍《ひやく》的に拡大するということです。二つめは、知識産業が拡大し、その需要《じゅよう》が増加するということです。三つめは、ポジティブなヘルシー関連のビジネスが充実《じゅうじつ》されるということです。健康の神様がアース　スターに降臨《こうりん》されたごとき、華《はな》やかな、そしてポジティブな健康関連ビジネスが展開されていくということです。

そして四つめは、恒久《こうきゅう》な精神波動《はどう》に付加《ふか》価値を持つということに人類が目覚めるということです。社会の需給《じゅきゅう》関係の中にあって、恒久《こうきゅう》な精神波動《はどう》を付加《ふか》価値とするほんものに値打ちを見いだすということです。これは人類生息《せいそく》の波動《はどう》レベルが適正にランク上昇したことと関連するものです。

五つめは、無公害工業の進展にともない、アース　スターによる文明が宇宙文明へと脱《だっ》皮《ぴ》し続けるということです。どのような改善方法をたどるかは、あらゆる分野別においてさまざまですが、的確に、かつスムーズに進展していくことは間違いありません。河川に魚が戻《もど》り、山野《さんや》に植物が戻《もど》り、海洋がすべてきれいになってくるのです。

私たちは何も恐れることはないのです。唯一《ゆいいつ》、クリーニング　ハートを実行し、立体マルチの清浄《せいじょう》な考え方に進化していくということが、二十一世紀の我々人類に求められる考え方なのです。

公害除去《じょきょ》に関してもう一つ付け加えるならば、あらゆる電波をきれいにすることです。人間の精神と肉体に害を及ぼす怖《おそ》れのある電波を除去《じょきょ》しましょう。大自然の天真爛漫《てんしんらんまん》たる、健全なる肉体を維持《いじ》・成長できる環境を整えましょう。精密な計測《けいそく》器で目に見えて理解できることです。電波の健全な利用を図《はか》りましょう。アース文明を宇宙文明に近づけましょう。これがユートピアの手はじめであるからです。

注意しなければならないことは、マイクロ波の乱用です。人間の天賦《てんぷ》の才を活用させるためには、どのようなシステムがよいのか、もう一度考え直してみましょう。

エピローグ

大吉祥《だいきっしょう》の無限の宝庫がついに開かれました。

それは、大宇宙を流れる天則《てんそく》を知るということです。この天則《てんそく》をもって、二十一世紀のこのはじめにフェニックスは現れたのです。フェニックスの知らせを知る者は、この時代のエリートでしょう。

神様から祝福された魂《たましい》は自由です。清く、正しく、美しい、脈々《みゃくみゃく》とした流れが無限に注《そそ》がれます。良き波動《はどう》にて明るい光は、日々の善なる言動の積み重ねに、はるか彼方《かなた》まで全世界が感応《かんのう》し、年々を通し、すべて快適な状況を創造するのです。これは開放のライフパワーです。その平凡《へいぼん》な行いは神様に通じ、すべての物事《ものごと》まで見通すことができます。人類の足元からの大開運の時代の幕開《まくあ》けです。まことにめでたく、人類は快晴の嬉《うれ》し嬉《うれ》し、楽し楽しが永久に続く世の中に、今、存在することがお示しされたのです。

科学はマルチ　クオリティ　テクノロジーを、日常生活の中まで、健康、安全性を保持《ほじ》して、あまねく人類に供給します。ビジネスの世界は、顧客《こきゃく》のより一層《いっそう》の精神性を満足させることに、創造価値があるということに気づいたのです。現代には、静かな大変革《へんかく》が来ているのであるということを、これを手にされた方は気づいたことと思います。そのための静かながらもスムーズな対応を心がけねばならないということも、知り得たことと思います。

「天網恢々《てんもうかいかい》、疎《そ》にして漏《も》らさず」という格言《かくげん》のとおり、神様はすべてご高覧《こうらん》になり、その神の偉大なる目を、その高覧《こうらん》する力を、まことの人類に与えようとなさっています。そしてついに、神人《しんじん》統一の、すべてを見ることのできる目を得ることができたのです。

ロングライフは楽しい旅の連続です。人間の運命も、この天則《てんそく》により自由自在です。大宇宙の神霊《しんれい》世界を垣間見《かいまみ》る時、いかに多くの神秘の事柄《ことがら》が存在するかということに気づかされます。

大変革《へんかく》は地球レベル、銀河レベルにて、良き方向、正しい責任という、高次元《こうじげん》の判断で強く行われているのです。それは、それ自身、無限の大きな宇宙の流れです。

ほんとうにすばらしいものは、その本質はどこにあるのか、正しい思い、正しい念力のマグマの放流は、天則《てんそく》を知ることにあるのです。

神霊世界の天則《てんそく》の大事《だいじ》に際《さい》して、私は銀河太陽神の霊流《れいりゅう》を本領《ほんりゅう》とする、アンコール　ムーの大王であるということを自覚させられました。畏《おそ》れおおくも、神様からの命《めい》があったことを知ったのです。

宇宙時代の中にあって、精神世界はより高く、堅固《けんご》な発展を示し、豊かで楽しい、幸福な人生目標を成就《じょうじゅ》し続けていきます。地球文明から宇宙文明へと、段階的に人類は成長し、世界平和の恒久《こうきゅう》実現はもとより、宇宙の平和的発展に協調し、銀河の平和的進歩に清浄《せいじょう》な健康性を示すことができるのです。

人類の理想の本質、理想のあるべき姿を実現しつつ、心洗われる自律《じりつ》決断の強い意志力を持った人類として、永久に繁栄《はんえい》することができるのです。

あらゆるビッグ　ビジネスは、このような発想に立って経営方針を立脚《りっきゃく》するならば、必ずや大きな成果となって現れるでしょう。それは天則《てんそく》、宇宙の流れと一致《いっち》しているからです。

最後に、本書の続編《ぞくへん》として、『ビジネス革新』（たま出版）を書き上げました。また、強き人生を生き抜くための、そして真《まこと》の神の光を自覚しようとする万人《ばんにん》のための初歩的入門書として、ダイアローグ式に物語を展開した『ヘルシー・スピリットとハッピー・ライフ』

（たま出版）もあります。

この世の重要な問題に差しかかった時、あるいは自分自身への休暇というプレゼントを頂《いただ》かれた時、右記の書物を一覧されますれば、諸事《しょじ》必勝へのお役に立てるものと考えます。

大金龍よ、スーパーラブの種を世界中に運び、人々の手に届けなさい。この種の芽を育てなさい。私は世界のすべての人々が、スーパーラブを手にされ、幸福の輪がさらに拡大されたら良いとの強い思いを持ちながら、絶好調のこのタイミングに本書を皆様が購入されましたことを嬉《うれ》しく思います。

二〇〇四年七月十六日　スカンジナビア尾根《おね》に朝日立つノルウェーの丘にて

総天《そうすめ》　優覧昇《ゆらんすく》

参照図書

『健康革命』　師岡孝次　ごま書房
『中村天風　講演集』　中村天風　天風会
『免疫力を高めるイキイキ健康法』　安部良・則岡孝子　ＰＨＰ研究所
『商賣繁盛大鑑vol.1～24』　同朋舎出版
『エンサイクロペディア　ブリタニカ』　ブリタニカ
『少食が健康の原点』　甲田光雄　たま出版
『特訓版　目がどんどんよくなる』　ハロルド・ペパード　訳　高木長祥　横山博行
青春出版社
『これが目に効く超「即効食」』　久郷晴彦　コスモトゥーワン
『不老力』　塩谷信男　ゴルフダイジェスト社
※右記以外に、国立国会図書館、アメリカ連邦議会図書館（インデペンデンスAV.ワシントンD.C.）の多数の著書を参考にさせていただきました。

著者略歴

總天 優覽昇（そうすめ ゆらんすく）

BVC主宰　AAA指導部顧問　　数十年にわたってヒマラヤ神霊及び神秘を研究する。　　ヒマラヤ神霊会から神秘秘伝を受ける。　　超宗教家。BVC協会の組織指導と超宗教の広教をワールドワイドに展開する。事業家としても活躍し、コンサルタント事業を包容したエネルギー事業等々の企業展開（プランナー）を計り、利益あるサービスを提供する。万代、人類と地球の宇宙時代的変革に際して注目される啓発を発している。質実剛健で健康生活のスタイルを好み、考古学や陶芸を趣味とし、清風無礙、源流深遠に常々の心を求め、幸福を愛する先見者である。
西洋とアラビア、東洋等のオピニオンを総合調和し、絶対平和の根本思想を古代からの神智を甦らせ、今の時代として相応しい法を明かす。
Ph.D.（経営学博士）
大健康スーパーリッチ研究クラブ　　代表
プラチナギャラクシーセンター　神明波観治会　　代表幹事
長寿幸福兆勢会　　顧問
21C.サクセスビジネス研究会　　顧問

著者の関連書籍類

万里神目の先見明力を授く		BVC
ユートピアを学ぶ女子高生のために	（長谷川　驪人力）	BVC
最高指導制の国際統一論	（長谷川　驪人力）	高文堂出版社
万代の神事祭り		BVC
ヘルシー・スピリットとハッピー・ライフ		たま出版
ビジネス革新		たま出版

問い合わせ先
〒600-8146
京都市下京区間之町通七条南入ル材木町503－1
〔伝教大師　最澄　創設　元七条道場　金光寺門跡〕BVC中央センター
Fax（075）361－9923

巻末特別付録

『風林火山《ふうりんかざん》』の巻《まき》

超能力の神速《しんそく》、体現《たいげん》〈入門編〉

ス革命

0月11日　初版第1刷発行

者　總天　優覧昇
者　韮澤 潤一郎
所　株式会社 たま出版
〒160-0004 東京都新宿区四谷4－28－20
☎03-5369-3051（代表）
http://www.tamabook.com
振替　00130-5-94804

所　株式会社平河工業社

27-0193-7 C0011

超能力体現〈入門〉のシンボル

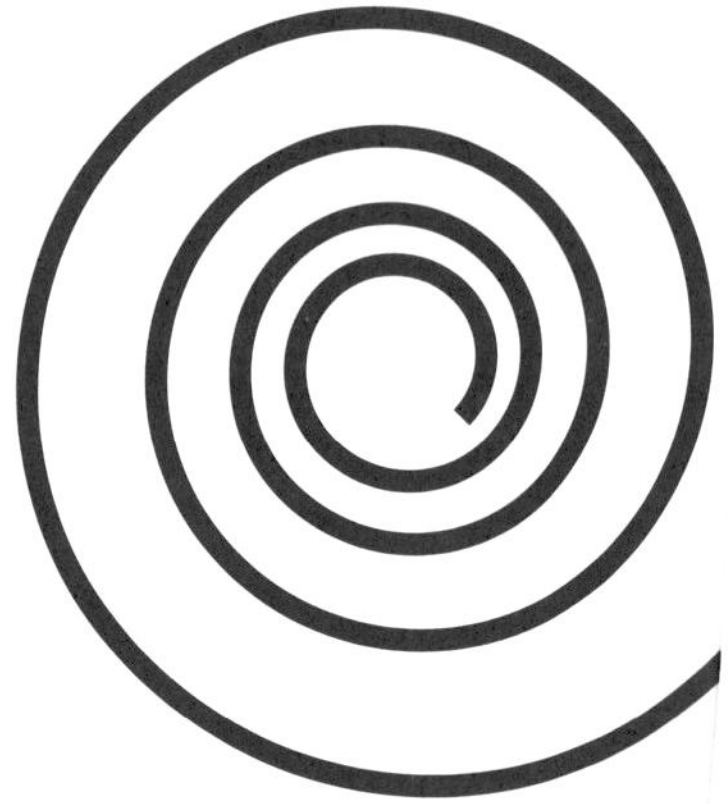

線を描《えが》きます。

④中心の縦《たて》線と右側の縦《たて》線の間に、門の内側の上位に書いた一の横線の真ん中から下へ向けて縦《たて》一直線を描《えが》き、大、吉、開《かい》と三回唱《とな》えます。

さて、一、二、三と行《ぎょう》じたら、正しき願いごとのある人は正しき願いごとを心の中に描《えが》いてください。その願いに応ずるが如《ごと》く宇宙エネルギーが発動し、行うものに超能力が体現するとされています。神言《しんごん》とシンボルが万人に公開されるのは、その期が熟《じゅく》したからです。どうぞ、惜しみなく与えられたパワーを全開活用してください。

これは、超宗教の神秘、秘伝であり、ここで初めて明かされた神言《しんごん》、シンボルです。諸々《もろもろ》の正しき願いごとや、ここ一番の事業必勝を期する時、左《さ》の通り神言《しんごん》を発し、シンボルを手で描《えが》きましょう。修得者《しゅうとく》は、習熟《しゅうじゅく》されますれば心の中で唱《とな》え、第三の目でシンボルを描《えが》いても超能力発現《はつげん》の効果を得ることができます。一と二は神言《しんごん》であり、三はシンボルです。通常、一、二、三と正しく始めてください。この初公開シンボルをマスターすれば、緊急時《きんきゅうじ》にはこのシンボルマークを三回行《ぎょう》じるのみで、行為者《こういしゃ》にすばらしい効果のエネルギーが与えられます。

一、神勅《しんちょく》　全宇宙　光超《こうちょう》無限次元　原自《げんじ》在点《ざい》　正確成就《せいかいじょうじゅ》　成明開《せいめいかい》　般若大真知《はんにゃだいしんち》　能除一切苦《のうじょいっさいく》　能除一切魔《のうじょいっさいま》　能除一切鬼《のうじょいっさいき》　悪霊消滅《あくりょうしょうめつ》　魔障消滅尽《ましょうしょうめつじん》　活元師《かつげんすい》　急　急如律令《きゅうきゅうにょりつれい》。

二、洗心《せんしん》　洗心《せんしん》　蓮華《れんげ》　洗心《せんしん》（三回唱《とな》えてください）。大我《たいが》は、清《きよ》まりの大《おお》中心を越《こ》え、先明見《せんみょうけん》の宇宙力《りき》を体内に宿し、神勅《しんちょく》超越《ちょうえつ》の能力を我れ、授《さず》かることになりました。感謝　合掌《がっしょう》。洗心《せんしん》　洗心《せんしん》　蓮華《れんげ》　洗《せん》心《しん》。

三、超能力開元《かいげん》シンボル（初公開　不用意に他言しないでください）。

右手にて、下から左上へと右回りに大きな円から小さな円へと五重のぜんまいを描《えが》きます。このシンボルを描《えが》く時は、無念　無想無の境地《きょうち》に立脚《りっきゃく》して、一気に描《えが》いてください。

シンボルが描《えが》かれた後は、大、吉、開《かい》を、シンボルの上に重ねて描《えが》いてください。ただし、最後の開《かい》は、特別な描《えが》き方をすることによって全宇宙エネルギーが放射《ほうしゃ》されます。開《かい》の描《えが》き方は、以下の順序で行なってください。

①左側に縦《たて》の一を描《えが》き、次に、上に横棒一本を描《えが》き、続けて下へ縦棒《たて》を一本描《えが》きます。

ビジ
2005
著
発　行
発　行
印　刷

ISBN4-8